一村(居)一律师
常用法律问题 100 问

茂名市一村(居)一律师工作领导小组
高州市一村(居)一律师工作领导小组　编著
高州市党的群众路线教育实践活动领导小组

人民交通出版社股份有限公司
China Communications Press Co.,Ltd.

内 容 提 要

本书以案例提出问题、律师分析和法律依据为主线，侧重分析常见民间纠纷及人民群众生活中经常遇到的法律问题，共计 100 问。涉及婚姻家庭、继承，相邻关系，交通事故，农村土地承包，财物、人身损害赔偿责任，劳动合同纠纷及处理，民间借贷、租赁、消费者权益，行政管理，刑事常见案例以及律师问题等相关法律知识。本书最大的特点在于以案说法，通俗易懂，贴近实际，是广大干部群众学法、懂法、尊法、守法的好帮手。

编　委　会

前　言

PREFACE

为落实中共广东省委办公厅、广东省人民政府办公厅《关于开展一村(社区)一法律顾问工作的意见》、中共茂名市委、茂名市人民政府及中共高州市委、高州市人民政府关于开展"一村(居)一律师"活动的工作部署,提高驻村(居)律师和法律服务志愿者服务群众的能力。提高他们依法处理民间纠纷的水平,努力践行党的群众路线教育实践活动,我们组织律师编写了这本《一村(居)一律师常用法律问题100问》,作为驻村(居)律师及法律服务志愿者的培训教材,也供致力于参与民间纠纷调解的同志作为参考,以及作为提高干部、群众法律知识水平的普法读物。在编写过程中,参加编写的律师根据自己办案的实际经验提供了案例及分析,并参考了相关案例资料,在此一并表示衷心感谢。

由于时间仓促,书中难免有纰漏和不当之处,恳请读者批评指正。

编　者

2014年6月

目 录

CONTENTS

第一章 婚姻家庭 继承

第二章　相邻关系

第三章 交 通 事 故

第四章 农村土地承包

第五章　财物、人身损害赔偿责任

第六章　劳动合同纠纷及处理

第七章 民间借贷、租赁、消费者权益

第八章 行 政 管 理

第九章 刑事部分

第十章　关于律师的相关问题

附　　件

第一章

婚姻家庭　继承

1. 男女双方摆婚宴，是否就是夫妻关系？

案例：张某与陈某是同学，高中毕业后共同外出务工，恋爱谈婚。2004年双方已23岁，同年10月1日，双方家庭按当地习俗摆酒结婚，但未办理婚姻登记，共同生活一段时间后发觉不合，2005年5月闹离婚。

律师分析：张某与陈某不属于事实婚姻的夫妻关系。事实婚姻指没有配偶的男女，未办理结婚登记，以夫妻名义同居生活，周围的人也认为是夫妻的两性结合。事实婚姻的认定，以1994年2月1日民政部《婚姻登记管理条例》的公布实施前后为界。凡在1994年2月1日以前以夫妻名义共同生活的，且男女双方符合结婚实质要件的，按事实婚姻处理；在1994年2月1日以后的男女双方符合结婚实质要件的，人民法院应当告知其在案件受理前，补办结婚登记；未补办结婚登记的，按解除同居关系处理。本案张某与陈某属于后一种情形。

法律依据：《最高人民法院关于适用〈中华人民共和国婚姻法〉若干问题的解释（一）》第五条："未按婚姻法第八条规定办理结婚登记而以夫妻名义共同生活的男女，起诉到人民法院要求离婚的，应当区别对待：

（一）1994年2月1日民政部《婚姻登记管理条例》公布实施以前，男女双方已经符合结婚实质要件的，按事实婚姻处理；

（二）1994年2月1日民政部《婚姻登记管理条例》公布实施

以后，男女双方符合结婚实质要件的，人民法院应当告知其在案件受理前补办结婚登记；未补办结婚登记的，按解除同居关系处理。”

2.直系血亲和三代以内的旁系血亲能否结婚？

案例：吴某与张某是表兄妹关系，吴某的父亲与张某的母亲是同胞兄妹。吴某与张某从小青梅竹马，产生感情，并准备结婚，但听说表兄妹之间的结婚有限制，想知道法律是如何规定的。

律师分析：吴某与张某是表兄妹关系，是三代以内旁系血亲，不能结婚。我国法律禁止直系血亲和三代以内的旁系血亲结婚。

法律依据：《中华人民共和国婚姻法》第七条：“有下列情形之一的禁止结婚：（一）直系血亲和三代以内的旁系血亲。”

3.怎样理解胁迫婚姻？对被胁迫的婚姻该如何处理？

案例：陈某与简某是上下级关系，简某为了自己的升职，而多次打骂自己的女儿，胁迫女儿嫁给了陈某的儿子。因简某的女儿不喜欢陈某的儿子，关系恶化，经常受到男方虐待。女方想到离婚，便向法院提出其被胁迫才与男方结婚的理由，请求撤销婚姻。

律师分析：《中华人民共和国婚姻法》第十一条所称的“胁迫”，是指行为人以给另一方当事人或者其近亲属的生命、身体健康、名誉、财产等方面造成损害为要挟，迫使另一方当事人违背真实意愿结婚的情况。因被胁迫而产生的婚姻。当事人可以依法选择到民政登记部门或人民法院申请撤销该婚姻，但应自结婚登记之日起一年内提出。

法律依据：《中华人民共和国婚姻法》第十一条：“因胁迫结婚的，受胁迫的一方可以向婚姻登记机关或人民法院请求撤销该婚姻。受胁迫的一方撤销婚姻的请求，应当自结婚登记之日起一年内提出。被非法限制人身自由的当事人请求撤销婚姻的，应当自恢复人身自由之日起一年内提出。”

4. 结婚登记应到哪个地方办理?

案例:黄某(男)是湖北省A县人,邱某(女)是广东省B县人。两人在广东省打工相识相恋并准备结婚。黄某提出与邱某回湖北省A县登记,而邱某则希望在广东省B县登记。那么法律对此是如何规定的?

律师分析:根据我国《婚姻登记条例》规定,内地居民结婚,男女双方常住户口所在地的婚姻登记机关都可以办理结婚登记。本案黄某与邱某可共同到湖北省A县婚姻登记机关办理结婚登记,也可选择到广东省B县婚姻登记机关办理结婚登记。

法律依据:《婚姻登记条例》第四条规定:“内地居民登记,男女双方应当到一方当事人常住户口所在地的婚姻登记机关办理结婚登记。”

5. 子女是否有权阻止父母再婚?

案例:老张现年65周岁,在其40岁时,妻子因病去世,自己含辛茹苦将子女带大成人,并都已结婚生子。现老张经人介绍相识同样失婚的黄女士,两人均有相见恨晚之感,同意结婚登记。当老张与子女商量该事时,遭到儿子和女儿的强烈反对。老张子女有权阻止父亲再婚吗?

律师分析:老张子女无权阻止父亲再婚。随着我国经济生活水平的不断提高,现在老年人对生活质量的追求也越来越高,关心和照顾老人是晚辈应尽的义务,也是我国孝顺老人的优良传统,晚辈本应尊重老人的合理意见。况且,我国法律也明确规定保障公民的合法婚姻权利,不许任何第三者加以干涉。

法律依据:《中华人民共和国婚姻法》第五条:“结婚必须男女双方完全自愿,不许任何一方对他方加以强迫或任何第三者加以干涉。”

6.包养"二奶"并公开以夫妻名义同居生活，是否构成重婚罪？

案例：董某早年在农村登记结婚生子，生活比较困难，后董某进城做建筑工人，董某在城市购买了一套楼房，公开以夫妻名义包养"二奶"共同生活，并生育两个孩子。董某妻子知道后，到公安机关报案，要求追究董某重婚罪的刑事责任。

律师分析：重婚罪，是指有配偶又与他人结婚或者明知他人有配偶而与之结婚的行为。董某其与"二奶"公开以夫妻名义生活并生育两个孩子，是违反《中华人民共和国刑法》第二百五十八条和《中华人民共和国婚姻法》第二条一夫一妻制度及第四条"夫妻应当互相忠实、互相尊重"的规定。按我国刑法及目前有效司法解释规定，构成重婚罪。

法律依据：《中华人民共和国刑法》第二百五十八条："有配偶而重婚的，或者明知他人有配偶而与之结婚的，处二年以下有期徒刑或者拘役。"《中华人民共和国婚姻法》第二条：" 实行婚姻自由、一夫一妻、男女平等的婚姻制度。"第四条："夫妻应当互相忠实，互相尊重，家庭成员间应当敬老爱幼，互相帮助，维护平等、和睦、文明的婚姻家庭关系。"

最高人民法院关于《婚姻登记管理条例》施行后发生的以夫妻名义非法同居的重婚案件是否以重婚罪定罪处罚的批复(法复[1994]10号)："新的《婚姻登记管理条例》发布施行后，有配偶的人与他人以夫妻名义同居生活的，或明知他人有配偶而与之以夫妻名义同居生活的，仍应按重婚罪定罪处罚。"

7.结婚时未达到法定婚龄，婚后夫妻感情破裂，如何处理夫妻关系？

案例：2007年，张某(女)和王某(男)相恋并结婚，当时张某才18周岁，伪造年龄证明，到民政部门骗领了结婚证。婚后，张某因与王某感情破裂，2012 年张某向法院起诉与王某离婚，王某则认为结婚登记时张某未满 18 周岁，婚姻是无效的，不能按离婚处理。法院依法审理并判决准予离婚。

律师分析：张某 2012 年起诉时，已经年满 20 周岁，依法不能再申请宣告婚姻无效，法院按离婚案件审理并依法做出判决是正确的。

法律依据：《中华人民共和国婚姻法》第六条："结婚年龄，男不得早于二十二周岁，女不得早于二十周岁。"第十条"有下列情形之一的，婚姻无效：（四）未到法定婚龄的。"《最高人民法院关于适用〈中华人民共和国婚姻法〉若干问题的解释（一）》第八条："当事人依据婚姻法第十条规定向人民法院申请宣告婚姻无效的，申请时，法定的无效婚姻情形已经消失的，人民法院不予支持。"

8.夫妻闹离婚，是否分居 2 年以上就算自动离婚？

案例：程某（女）与简某（男）双方打工认识，2006 年 10 月登记结婚；2006 年 12 月，双方因一次误会争吵打架，后双方分居，互不履行夫妻义务。2010 年 3 月，简某发现程某与张某（男，未婚）往来"谈婚"，便出面干涉，张某便说程某已经和简某分居 2 年以上，属于自动离婚，简某无权干涉。

律师分析：夫妻双方分居多久都不产生"自动离婚"的法律效力。离婚只有两个途径：一是双方自愿到民政部门办理协议离婚手续，领取离婚证书；另一途径是通过法院起诉请求判决离婚，由法院做出生效的离婚调解书或判决书，是有效的离婚依据，无须再办理离婚证。感情不和分居 2 年以上只是认定夫妻感情确已破裂的其中一项标准。

法律依据：《中华人民共和国婚姻法》第三十二条："有下列情形之一，调解无效的，应准予离婚：（四）因感情不和分居满二年的。"

9.结婚未同居生活的，一方能否要求另一方返还结婚彩礼？

案例：杨某（患有男性疾病，而婚前未如实告知）和陈某经人介绍相识,不到2个月便办理结婚登记。婚后,陈某因杨某有男性疾病,便搬回娘家居住,夫妻二人并未同居生活。杨某虽多次到医院治疗,但未见效果。陈某向杨某提出离婚要求,杨某同意,但要求陈某返还当初由男方提供的20000元彩礼以及一条黄金项链。陈某认为双方已办理结婚登记,是合法夫妻,彩礼是男方送女方的,更关键的是由于杨某的男性疾病才造成双方不能继续共同生活,是杨某欺骗了自己,因此不同意返还。

律师分析:本案当事人的彩礼应否返还,关键在于双方是否共同生活。本案中,杨某与陈某未同居未共同生活。因此,彩礼应当返还。

法律依据:《最高人民法院关于适用〈中华人民共和国婚姻法〉若干问题的解释(二)》第十条:"当事人请求返还按照习俗给付的彩礼的,如果查明属于以下情形,人民法院应当予以支持:(一)双方未办理结婚登记手续的;(二)双方办理结婚登记手续但确未共同生活的;(三)婚前给付并导致给付人生活困难的。适用前款(二)、(三)的规定,应当以双方离婚为条件。"

10. 一方坚持不离婚,另一方就无法离婚吗?

案例:黄某(男)与洪某(女)婚后,黄某染上吸毒的恶习,为此夫妻关系日渐紧张,女方向人民法院起诉离婚,男方坚决不同意,并当庭表示了悔改之意,承诺彻底戒毒,希望妻子能回心转意,据此,法院判决不准离婚。此后双方关系并未改善,黄某仍然继续吸毒。2002年2月起,女方住到了娘家,并靠自己的收入维持了生活1年。后来女方再次向人民法院起诉,坚持要求离婚,而黄某提出,虽然自己有吸毒习惯,但夫妻的感情尚好,坚决不同意离婚,经法院调解仍各持己见。是否男方坚持不离,女方就无法离婚?

律师分析:黄某有吸毒恶习,经过一次判决不准离婚后还不悔改,应认定黄某有吸毒恶习屡教不改。而且双方经过法院判决不准离婚后超过1年的时间双方没有同居,夫妻关系没有改善,应认定夫妻感情确已破裂，在调解无效的情况下法院应判决准予离婚。因此不是一方坚持不离，另一方就无法离婚。

法律依据：《中华人民共和国婚姻法》第三十二条："男女一方要求离婚的，可由有关部门进行调解或直接向人民法院提出离婚诉讼。人民法院审理离婚案件，应当进行调解；如感情确已破裂，调解无效，应准予离婚。"

"有下列情形之一，调解无效的，应准予离婚：(三)有赌博、吸毒等恶习屡教不改的。"

《最高人民法院关于人民法院审理离婚案件如何认定夫妻感情确已破裂的若干具体意见》规定："……经人民法院判决不准离婚后又分居满1年，互不履行夫妻义务的。"

11.父母离婚时法院已经判决确定了抚养费，离婚后子女是否还可以要求增加抚养费？

案例：2000年，小红7岁，父母离异，当时法院判决小红跟随母亲生活，小红父亲每月承担小红的抚养费500元。2009年，小红上高中，根据实际情况只能选择一所费用较高的封闭学校就读，三年学杂费用要45000元，小红便与父亲商量增加抚养费，但父亲以无力承担为由拒绝，为解决学习费用，小红将父亲告上法庭。

律师分析：抚养费包括生活费和教育费。小红实际教育费用增加，如果小红就读的学校别无选择，所增加部分父母共同分担；如果小红母女可以不就读封闭学校，未经父亲同意自己选择封闭学校就读，造成教育费比普通学校高的，可由母亲承担学杂费的大部分，父亲承担小部分。

法律依据：《中华人民共和国婚姻法》第三十七条规定："离婚后，一方抚养的子女，另一方应负担必要的生活费和教育费的一部分或全部，负担费用的多少和期限的长短，由双方协议；协议不成时，由人民法院判决。关于子女生活费和教育费的协议或判决，不妨碍子女在必要时向父母任何一方提出超过协议或判决原定数额的合理要求。”

12.婚后一方父母购买并且只登记在一方名下的房屋，离婚时，另一方是否有权以夫妻共同财产分割？

案例：2004年，李某（男）和梁某（女）两人走进了婚姻殿堂。婚后，李某根本没有能力买房，于是，梁某的父母自掏腰包，全款购买了两套房屋，均登记在梁某名下，其中一套让李某和梁某居住，另一套梁某的父母出租。2011年12月份，李某和梁某因矛盾冲突而闹离婚上了法庭，李某请求离婚，并且以自己没有住房，梁某还另有一套住房为由，要求确认该房为夫妻共同财产，并分割归自己所有。

律师分析：按照我国原《婚姻法》解释，房子是女方父母在他们婚后购买的，虽然登记在女方名下，但应该算夫妻共同财产，男方有权参与分割。但2011年8月13日施行新出台的《最高人民法院关于适用〈中华人民共和国婚姻法〉若干问题的解释（三）》规定：产权登记在出资人子女一方名下的，视为只对自己子女一方的赠予，该不动产应认定为夫妻一方的个人财产。所以，本案李某的请求依法不能成立。

法律依据：《最高人民法院关于适用〈中华人民共和国婚姻法〉若干问题的解释（三）》第七条：“婚后由一方父母出资为子女购买的不动产，产权登记在出资人子女名下的，可按照婚姻法第十八条第（三）项的规定，视为只对自己子女一方的赠予，该不动产应认定为夫妻一方的个人财产。由双方父母出资购买的不动产，产权登记在一方子女名下的，该不动产可认定为双方按照各自父母的出资份额按份共有，但当事人另有约定的除外。”

13.丈夫出轨送“小三”房屋，妻子能要求“小三”返还该房屋吗？

案例：已婚男谭某看上了年轻漂亮的洪某，经过一段时间的相处，二人开始秘密同居。同居期间，谭某不仅多次为洪某购买衣服首饰等用品，而且还将婚后谭某名下的一套房屋擅自转户到洪某的名下并给洪某居住。不久，谭某妻子万某发现，要求洪某将房屋返还，遭到洪某拒绝。洪某认为谭某包养她，她付出了青春，房屋是谭某自愿送的，且房屋已登记在自己名下，所有权属于自己，拒不返还。为此，万某将洪某告上法庭。

律师分析：谭某送给洪某的房屋，属于谭某、万某的夫妻共同财产，谭某非因日常生活需要，在不可能取得妻子同意的情况下，擅自处分夫妻共同财产，该行为无效。洪某违背社会公序良俗取得的财物，严重侵害了财产共有人的合法财产权益，并非善意取得，虽已登记在其名下，仍属违法所得。因此，万某有权要求洪某返还房屋。

法律依据：《最高人民法院关于适用〈中华人民共和国婚姻法〉若干问题解释（一）》第十七条："婚姻法第十七条'关于夫或妻对夫妻共同所有的财产，有平等的处理权'的规定，应当理解为：（一）夫或妻在处理夫妻共同财产上的权利是平等的。因日常生活需要而处理夫妻共有财产的，任何一方均有权决定。（二）夫或妻非因日常生活需要对夫或妻共有财产做重要处理决定，夫妻双方应当平等协商，取得一致意见。他人有理由相信其为夫妻双方共同意思表示的，另一方不得以不同意或不知道为由对抗善意第三人。"

14.婚姻关系存续期间一方未尽抚养子女的义务，离婚时需要补偿另一方吗？

案例：陈某与妻子李某于 2001 年 9 月登记结婚，双方约定婚姻期间各自财产归各自所有，婚后生育两个子女。2009 年 3 月因家庭矛盾，陈某离家出走，丢下 8 岁的大儿子和不满 1 周岁的小女儿，李某独自抚养两个未成年子女。后经寻找，终于在 2011 年春节打听到陈某下落。李某向法院起诉要求与陈某离婚，与此同时,李某认为自己抚养子女较多要求给予补偿。

律师分析:父母对子女有抚养的义务,父母不履行抚养义务时,未成年子女有要求其给付抚养费的权利。婚姻关系存续期间,一方因抚养子女付出较多义务的,离婚时有权向另一方请求补偿。

法律依据:《中华人民共和国婚姻法》第二十一条规定:"父母对子女有抚养教育的义务;子女对父母有赡养扶助的义务。父母不履行抚养义务时,未成年的或不能独立生活的子女,有要求父母付给抚养费的权利。"

第四十条规定:"夫妻书面约定婚姻关系存续期间所得的财产归各自所有,一方因抚育子女、照料老人、协助另一方工作等付出较多义务的,离婚时有权向另一方请求补偿,另一方应当予以补偿。"

15.对非婚生育的子女是否要承担与婚生子女一样的抚养义务?

案例:任某与李某于2002年相识,次年开始同居,但李某当时已经结婚。2003年10月双方非婚生育了儿子李军。2004年,任某与李某结束了同居生活。李军由母亲任某直接抚养,为抚养问题,任某曾多次找李某,要求其承担李军的抚养费,但李某均以各种借口拒绝履行抚养义务。双方发生纠纷。

律师分析:李军虽是任某与李某的非婚生子,但根据我国法律,非婚生子女享有与婚生子女同等权利。因此,李某作为李军的父亲,对李军有依法支付抚养费抚养的义务,不得以非婚生子而拒绝履行抚养义务。

法律依据:《中华人民共和国婚姻法》第二十五条规定:"非婚生子女享有与婚生子女同等的权利,任何人不得加以危害和歧视。不直接抚养非婚生子女的生父或生母,应当负担子女的生活费和教育费,直至子女能独立生活为止。"

16.离婚后，有抚养权一方的行为对子女的健康成长不利，另一方能否要求变更抚养关系？

案例：陈某(男)与简某(女)2010年2月到民政部门办理离婚。离婚时，双方协议女儿由陈某抚养。后来，陈某与他人再婚，对11岁女儿学习情况漠不关心，经常打骂女儿，因此女儿希望跟随母亲生活。更为严重的是前妻偶尔去探视女儿，陈某也不配合，甚至拒绝前妻探视，为此二人经常争吵，彼此开始仇视，对女儿的伤害更加严重。为了更有利于子女的健康成长，简某向法院起诉，要求变更抚养关系。

律师分析：子女不是私有财产，我国《婚姻法》规定：离婚后，不直接抚养子女的父或母，有探视子女的权利，另一方有协助的义务。本案陈某对女儿学习情况漠不关心，经常打骂女儿，拒绝前妻探视，对子女健康成长有不利影响，而且女儿也愿意跟随母亲简某生活等原因，简某可以要求变更抚养关系。

法律依据：《关于人民法院审理离婚案件处理子女抚养问题的若干具体意见》第16条规定："一方要求变更子女抚养关系有下列情形之一的，应予支持。(1)与子女共同生活的一方因患严重疾病或因伤残无力继续抚养子女的；(2)与子女共同生活的一方不尽抚养义务或有虐待子女行为，或其与子女共同生活对子女身心健康确有不利影响的；(3)十周岁以上未成年子女，愿随另一方生活，该方又有抚养能力的；(4)有其他正当理由需要变更的。"

17.婚后户口没有迁出的出嫁女是否可以享有与同村其他村民一样的土地承包经营权、年度收益分红权和宅基地使用权？

案例：林某出嫁前是某村村民，婚后户口没有迁出，一直在本村居住、生活，婚后生育的子女也在本村入户，且在婆家也没有承包土地及建造住宅。由于城市发展的需要,某村的土地都被征用,征用单位给该村支付了征地补偿费和青苗赔偿款,该村集体以林某是出嫁女为由拒绝支付相应份额的征地补偿费及青苗补偿款给林某。而且林某及其子女也一直不能享有同村其他村民一样的土地承包经营权、年度收益分红权和宅基地使用权。因此,林某认为某村集体侵犯了他们的合法权益而投诉至镇政府,要求村集体支付其原应分得的征地补偿费、青苗补偿款和应享有的土地承包经营权、年度收益分红权及宅基地使用权。

律师分析:男女平等是我国宪法和婚姻法都规定的基本原则。结婚后,女方可以到男方家落户,成为男方家庭中的一员,男方也可以到女方家落户,成为女方家庭中的一员。林某婚后户口没有迁出该村,一直在该村居住、生活,且已生育子女,证明林某及其子女均系该村村民,依法享有与本村村民同等的土地承包经营权、宅基地使用权和年度收益分红等项权利,村集体不能以任何理由剥夺林某的上述权利。

法律依据:《中华人民共和国妇女权益保障法》第三十条:"国家保障妇女享有与男子平等的财产权利。"第三十三条:"任何组织和个人不得以妇女未婚、结婚、离婚、丧偶等为由,侵害妇女在农村集体经济组织中的各项权益。因结婚男方到女方住所落户的,男方和子女享有与所在地农村集体经济组织成员平等的权益。"

18.男方婚前承租的房屋,婚后夫妻共同出资购买,但房产证登记在男方名下,女方是否享有该房屋权属?

案例:董某2000年在市区租用一间商铺经营皮鞋,租期至2005年。2001年董某与冯某结婚,2004年底,董某和冯某用夫妻共同积蓄的35万购买到该商铺,并登记在董某名下。2005年,董某与冯某闹离婚。董某认为该商铺是因为他婚前的承租合同关系而享有优先权才购买得到的,且产权证没有冯某名字,应是他个人财产，双方为此发生纠纷。

律师分析：本案商铺的产权证虽然登记在董某的名下，但关键不是登记在谁名下，而是房屋属于"婚后购买"及"夫妻共同出资购买"，因此属夫妻共同财产。

法律依据：《最高人民法院关于适用〈中华人民共和国婚姻法〉若干问题的解释（二）》第十九条："由一方婚前承租、婚后用共同财产购买的房屋，房屋权属证书登记在一方名下的，应当认定为夫妻共同财产。"

19.一方继承的遗产属于夫妻共同财产吗？

案例：张某与丈夫因感情破裂，2007 年向法院提起离婚诉讼。鉴于张某在起诉前继承其母亲的 20 万元遗产的事实，丈夫在诉讼中提出请求，要求分得张某继承的 20 万元遗产的一半。

律师分析：张某父母生前没有立下遗嘱，张某继承其母亲 20 万元存款。尽管张某和丈夫处于离婚诉讼中，但仍是夫妻关系，20 万元遗产取得于婚姻关系存续期间，属于夫妻共同财产，张某丈夫有权请求分得该部分夫妻共同财产。但是，如夫妻一方依照遗嘱继承确定只归夫或妻一方的财产，则不是夫妻共同财产。

法律依据：《中华人民共和国婚姻法》第十七条第一款："夫妻在婚姻关系存续期间所得的下列财产，归夫妻共同所有：（四）继承或赠予所得的财产，但本法第十八条第三项规定的除外"。

第十八条："有下列情形之一的，为夫妻一方的财产：（一）一方的婚前财产；（二）一方因身体受到伤害获得的医疗费、残疾人生活补助费等费用；（三）遗嘱或赠予合同中确定只归夫或妻一方的财产；（四）一方专用的生活用品；（五）其他应当归一方的财产。"

20.寡妇再婚能带走她的所有财产吗？

案例：小红 2000 年与刘刚结婚，并于 2001 年生育儿子刘根。2002 年，刘刚因交通事故死亡，遗留下房屋一套及存款 10 万元。小红准备将刘刚遗留下的财产作合法分割后带着刘根改嫁，却遭到刘刚父母的反对，要求小红将刘刚遗留的全部财产交出才同意小红改嫁。小红认为房屋和存款原是自己与刘刚的，刘刚死亡后自己和儿子享有大部分财产和遗产，所以不同意刘刚父母的要求，导致发生纠纷。

律师分析：根据《中华人民共和国婚姻法》及《中华人民共和国继承法》的有关规定，夫妻有相互继承遗产的权利。在刘某死亡后，妻子、父母、子女作为第一继承人，都应当分得相应的继承份额。本案中，小红如改嫁，依法可以带走她本人的财产及继承刘刚所得的那一部分，如果刘根跟随小红改嫁，小红还可以作为监护人带走刘根的财产。

法律依据：《中华人民共和国婚姻法》第二十四条规定："夫妻有相互继承遗产的权利。父母和子女有相互继承遗产的权利。"

《中华人民共和国继承法》第十条第一款规定："遗产按照下列顺序继承：第一顺序：配偶、子女、父母。第二顺序：兄弟姐妹、祖父母、外祖父母。"

*21.*遗嘱能不能处理全部夫妻共同财产？

案例：10多年前，林某与简某再婚。2005年，林某病逝，其生前于2004年曾立下一份遗嘱，内容主要为："我的30万元股金归儿子林明全权使用和支配，别人无权干涉。"简某对这份遗嘱处分的财产内容表示异议，认为林某的遗嘱处分超出其所拥有的遗产范围，30万元股金是夫妻共同财产，有一半是自己的财产。林明则认为父亲所立遗嘱合法有效。简某与林明就遗产分割问题协商未果，闹上法庭，简某要求确认该遗嘱部分内容无效。

律师分析：被继承人林某的30万元股金，是其与简某夫妻在婚姻关系存续期间的共有财产。个人遗嘱只能处理属于自己个人部分的财产，处分非本人所有财产的遗嘱部分是无效的。本案林某遗嘱处理的30万元属于夫妻共同财产，有一半是简某的，林某遗嘱处分简某的该部分无效。

法律依据：《中华人民共和国继承法》第十六条："公民可以依

照本法规定立遗嘱处分个人财产，并可以指定遗嘱执行人”。《最高人民法院关于贯彻执行〈中华人民共和国继承法〉若干问题的意见》第38条：“遗嘱人以遗嘱处分了属于国家、集体或他人所有的财产，遗嘱的这部分，应认定无效。”

22. 可否协议一次性给付父母赡养费？

案例：柴某有两个儿子，均已成年。柴某年届50，但劳动力不减当年。1995年柴某因家庭琐事与小儿子发生矛盾，一气之下便与小儿子签订了一份协议，由小儿子一次性给付柴某赡养费包括生养死葬等一切费用5000元，柴某今后由大儿子赡养。协议签订后，柴某自己耕种责任田，加上大儿子的接济，也能维持正常生活。2010年，柴某感觉身体不适，再也不能下地劳动，没有了生活来源，又要钱治病，靠大儿子的赡养，生活陷入困难，便要求小儿子承担部分赡养责任，但小儿子拿出之前签订的协议予以拒绝。柴某遂向法院起诉要求小儿子给付赡养费。

律师分析：赡养父母是中华民族的传统美德，也是成年子女的法定义务，这种义务是不能协议解除的，也不能以任何形式一次性了断。只要父母生活困难有赡养需要，有负担能力的成年子女均应当履行对父母经济上供养、生活上照料和精神上慰藉的义务。本案协议是没有法律效力的，小儿子依法应当继续承担对父亲的赡养义务。

法律依据：《中华人民共和国老年人权益保障法》第十四条：“赡养人应当履行对老年人经济上供养、生活上照料和精神上慰藉的义务，照顾老年人的特殊需要”。第二十条：“经老年人同意，赡养人之间可以就履行赡养义务签订协议。赡养协议的内容不得违反法律的规定和老年人的意愿。基层群众性自治组织、老年人组织或者赡养人所在单位监督协议的履行。”

23. 女儿和儿子都有同等的继承权吗？

案例：刘女士夫妇生有一女一男，现均已成年独立生活。刘女士夫妇在镇上建有五间商铺；另外，因旧城改造，政府安置给刘女士夫妇两套商品房。后刘女士与女儿为家庭琐事产生矛盾。2011年4月刘女士的丈夫去世后，刘女士及儿子各居住一套商品房，五间商铺由刘女士以其名义出租，租金亦由刘女士收取。2012年底，刘女士的女儿提出要求分割属其父亲份额内的遗产，刘女士认为女儿是出嫁女，无权继承上述遗产，不同意。刘女士的女儿向法院起诉。

律师分析：继承法对继承权有具体规定，此规定对男女同等适用。我国《继承法》中男女平等主要体现在以下几个方面：(1)所有继承人不分男女，一律平等地处于其应在的继承顺序之中。(2)所有的继承人不分男女，一律平等地享有继承权。(3)代位继承或转继承男女平等。同时也规定了赡养老人是每个子女应尽的义务，赡养父母也同样男女平等，这也是我们中华民族的传统美德。当然，不可否认，有一些继承纠纷的发生是因为妇女出嫁后对自己的父母不尽赡养义务造成的。

法律依据：《中华人民共和国继承法》第九条："继承权男女平等"。

24. 继子女有权继承继父母的遗产吗？

案例：梁某在妻子去世后，与已经失婚的徐某再婚。婚后，梁某与前妻生育的女儿以及徐某与前夫生育的儿子张某(15岁)共同生活，但张某的生活费及学习费均由其在香港的伯父负担支付。7年后，梁某因公去世，个人遗产共有现金20万元(没有遗嘱)。在遗产继承时，徐某认为张某是梁某的继子，对该20万遗产应该有继承份额，而梁某的女儿不同意张某继承，产生纠纷。

律师分析：继子女是指丈夫与前妻或妻子与前夫所生的子女。根据《中华人民共和国继承法》第十条的规定，只有有扶养关系的继子女才有权依法继承继父或继母的遗产。由于梁某与继子张某没有形成实际扶养关系，因此，在本案中张某没有继承权。

法律依据：《中华人民共和国继承法》第十条第一款："遗产按

照下列顺序继承:第一顺序:配偶、子女、父母。”第三款:“本法所说的子女,包括婚生子女、非婚生子女、养子女和有扶养关系的继子女。”

25.同居人死亡其遗产债务如何处理?

案例:李某(男)于2002年与胡某(女)离婚,离婚后儿子归李某抚养。胡某离婚后则与洪某同居生活。2010年,胡某因交通事故死亡。胡某死亡后,与其同居生活的洪某要求分割一部分胡某的死亡赔偿款,而胡某生前的债权人也找到李某要求还款。该案应如何处理?

律师分析:从法律角度来看,洪某与胡某属于同居,同居者没有继承权。李某与胡某已经离婚,也没有继承权。那么,根据《中华人民共和国继承法》的规定,胡某的第一顺序继承人只有自己的儿子以及其父母。因此,胡某的遗产应该由其儿子和父母继承,其债务应由继承人在继承的财产范围内承担偿还责任。也就是说,胡某的儿子、父母在继承胡某的财产时,应当先以继承的财产偿还胡某的债务,剩余部分再由继承人平均分割。

法律依据:《中华人民共和国继承法》第十条第一款:“遗产按照下列顺序继承:第一顺序:配偶、子女、父母。”第二款:“继承开始后,由第一顺序继承人继承,第二顺序继承人不继承。没有第一顺序继承人继承的,由第二顺序继承人继承。”第三十三条:“继承遗产应当清偿被继承人依法应当缴纳的税款和债务,缴纳税款和清偿债务以他的遗产实际价值为限。超过遗产实际价值部分,继承人自愿偿还的不在此限。”

26.什么情况下父债应由子还?

案例:黎某在城工作,其在农村的父亲因经营生意,2009年3月向李某借款10万元与他人外出做生意,定于半年后本息归还。但由于经营不善,导致血本无归,黎某父亲一气之下寻短见死亡。2009年底,李某拿着黎某父亲生前立的借条找黎某,要求他归还其父亲的借款，理由是“父债子还”。黎某则认为借款是其父亲所借，与其无关，不同意偿还，致发生纠纷。

律师分析：“父债子还”是中国的一句古话，我国法律没有这样的直接规定。对于父债，子女应否偿还，应该不同情况不同分析：(1)父亲生前，属于其个人债务的，由父亲本人负责清偿；属于其夫妻共同债务的，由夫妻共同清偿。此情形下，子女对该债务没有清偿的责任。(2)父去世，子女对其遗产进行继承的，应清偿父之债。清偿债务以遗产实际价值为限。超过遗产实际价值部分，继承人自愿偿还的不在此限。此时，就发生所谓“父债子还”。(3)父去世，子女对其遗产放弃继承的，子对父之债务可以不负偿还责任，无须“父债子还”。

法律依据：《中华人民共和国民法通则》第八十四条：“债是按照合同的约定或者依照法律的规定，在当事人之间产生的特定的权利和义务关系，享有权利的人是债权人，负有义务的人是债务人。”

《中华人民共和国继承法》第三十三条：“继承遗产应当清偿被继承人依法应当缴纳的税款和债务，缴纳税款和清偿债务以他的遗产实际价值为限。超过遗产实际价值部分，继承人自愿偿还的不在此限。”

第二章

相邻关系

27. 使用除草剂损害相邻土地的农作物，应当赔偿吗？

案例：王某与钟某是同一村民小组的承包经营户，承包的土地相邻。某天，王某在其承包的地里喷施除草剂，由于当时有 4 级西北风，正在下风头的钟某嗅到药味，要求王某停止喷药，但王某不听劝阻，结果造成下风头钟某农田的作物大部分枯萎，引起纠纷。

律师分析：在自己承包的农田里喷施农药，是承包人应有的生产管理权利。但是，由于农药的性质不同而具有不同的使用要求，王某使用的除草剂，是有特殊要求的，要求与相邻的敏感作物保持一定的间隔区，并选择无风、晴天进行。王某使用不当，给相邻方造成损失，依法应予赔偿。

法律依据：《中华人民共和国民法通则》第一百一十七条第二款："损坏国家的、集体的财产或者他人财产的，应当恢复原状或者折价赔偿。"

28. 邻居建房改变原道路，一律可以制止吗？

案例：董某与李某是东西邻居，董某居东，李某居西，中间有一条南北向过道。1999 年，李某拆旧建新，所在的地方政府土地管理部门到实地进行规划丈量并定灰桩，同时为董某、李某分别颁发了集体土地建设用地使用证。2007 年 10 月，李某翻建房屋时将东向墙较旧墙往东移至灰桩处。董某认为李某翻建房屋侵占了过道，并影响董某四轮车出入通行，为此引起纠纷。董某起诉到法院，结果败诉。

律师分析：本案是一个很典型的相邻通行纠纷案例。不动产相邻的董某、李某之间由于相邻通行权行使出现障碍而发生纠纷。法律要求不动产的相邻人在处理相邻关系时要遵守若干以下原则：有利生产、方便生活、团结互助、公平合理的原则，正确处理相邻关系。本案李某翻建新房依照土地管理部门规划的灰桩进行施工，建房虽较旧墙向过道移动，但并未超出灰桩界点，符合法律规定。董某认为李某建房侵占了过道影响其出行没有事实和法律依据，所以败诉。

法律依据：《中华人民共和国物权法》第一百五十二条规定："宅基地使用权人依法对集体所有的土地享有占有和使用的权利，有权依法利用该土地建造住宅及其附属设施。"

29.邻居搭建雨棚，受妨碍的一方可以起诉维权吗？

案例：张某是某小区业主，2011 年下半年，张某发现住在其楼下的林某在其平台上方搭建雨棚。张某认为：林某私自搭建的雨棚，改变了房屋原有的规划设计，且该雨棚紧邻自己的三个窗户，留有出入口容人上下进出，增加了不法分子进入自己房屋的危险性，给自己造成了安全隐患，遂要求林某拆除，遭到对方拒绝。于是，张某诉至法院。法院最终判决林某拆除雨棚、恢复原状。

律师分析：林某为了自己的生活方便搭建雨棚，给张某造成了安全隐患，侵害了张某的合法权益，此种行为有违处理相邻关系的基本原则。张某请求林某停止侵权、拆除违章搭建的雨棚，符合法律规定，法院依法予以支持正确。

法律依据：《中华人民共和国民法通则》第八十三条："不动产的相邻各方，应当按照有利生产、方便生活、团结互助、公平合理的精神，正确处理截水、排水、通行、通风、采光等方面的相邻关系。给相邻方造成妨碍或者损失的，应当停止侵害，排除妨碍，赔偿损失。"《中华人民共和国物权法》第八十四条："不动产的相邻权利人应当按照有利生产、方便生活、团结互助、公平合理的原则，正确处理相邻关系。"

30.供电部门架设电线必经之路，土地权属人可以拒绝提供土地方便吗？

案例：某市供电部门在某村架设电线时，必须经过老陈的土地上空并在该土地上埋设线杆，但老陈认为架设电线不安全因而不允许，致产生纠纷。

律师分析：老陈的做法不当。我国法律严格保护公民的民事权利，任何组织或个人都不得非法侵犯。而相邻关系从本质上讲是对一方权利的需要，不仅不与保护民事权利的原则相矛盾，而且是对公民、法人的民事权利的更进一步的保护。因此，应当公平合理地处理相邻关系，一方权利的延伸和另一方权利的限制都必须在合理、必要的限度内，并且要求各方在享受权利的同时，亦应承担一定的义务。本案例中，老陈应当允许供电部门架设电线，但供电部门应当选择危害最小的地点和方法安设，对所占用的土地和施工造成的损失给予适当补偿。

法律依据：《中华人民共和国物权法》第八十八条：“不动产权利人因建造、修缮建筑物以及铺设电线、电缆、水管、暖气和燃气管线等必须利用相邻土地、建筑物的，该土地、建筑物的权利人应当提供必要的便利。”

31.在房屋内养鸽子影响了邻居的正常生活，应如何解决？

案例：相邻周边的居民反映，居住在他们顶楼的黎姓居民，买了房子不住人，而是放养了成群的鸽子，致使楼下的居民不敢开窗透风，否则就是满地鸽子毛和阵阵恶臭，让相邻的居民无法正常生活。

律师分析：黎姓居民的行为已违反了相邻关系的法律规定，根据《中华人民共和国民法通则》第 83 条规定的原则和《中华人民共和国物权法》、《中华人民共和国环境保护法》等法律法规的规定，相邻人不得制造噪音、喧嚣、震动、恶气、异味等，妨碍相邻他方的正常生产、生活、损害他人身心健康。本案中顶楼的黎姓居民由于将本应正常居住使用的房屋改造成了养鸽舍，由此产生的噪音、异味以及羽毛、鸟粪等污物势必给相邻的居住者产生影响，侵犯了相邻人正常居住生活、保持身心健康的合法权利。对此同住的居民可以与侵权人进行协商，也可以请求所在小区的物业服务公司或者居民委员会出面协调，必要时也可以通过诉讼途径要求对方停止侵权，排除妨害。

法律依据：《中华人民共和国民法通则》第八十三条“不动产的相邻各方，应当按照有利生产、方便生活、团结互助、公平合理的精神，正确处理截水、排水、通行、通风、采光等方面的相邻关系。给相邻方造成妨碍或者损失的，应当停止侵害，排除妨碍，赔偿损失。”《中华人民共和国物权法》第九十条：“不动产权利人不得违反国家规定弃置固体废物，排放大气污染物、水污染物、噪声、光、电磁波辐射等有害物质。”

32.装修房子影响他人，邻居有权要求停止侵害吗？

案例：甲的房屋和乙的房屋相隔不到两米，甲重新装修房子，致使灰尘铺满了乙房屋的玻璃窗，还有些落下来的砖头打到乙家的墙壁。乙主动跟甲协商了几次，但甲既不予理睬，也不停工。请问，乙是否有权请求甲承担侵权责任？

律师分析：相邻权是指不动产的占有、使用者在行使所有权或使用权时，有权要求其相邻方履行一定义务的一种资格。根据法律规定，不动产所有人和使用人行使权力时，享有要求其他相邻方提供便利或者是接受一定限制的权利。相邻权实质上是对所有权的限制和延伸。相邻一方在修建厕所、粪池、污水池或堆放垃圾、恶臭物、有毒物等，或者企业事业单位排放污水、废渣、废气等，应与相邻方保持一定的距离，或采取相应的防范措施，防止空气、水源等环境污染。如因此影响邻人的生产生活，损害邻人健康的，邻人有权依法请求对方承担侵权责任。

法律依据：《中华人民共和国民法通则》第八十三条："不动产的相邻各方，应当按照有利生产、方便生活、团结互助、公平合理的精神，正确处理截水、排水、通行、通风、采光等方面的相邻关系。给相邻方造成妨碍或者损失的，应当停止侵害，排除妨碍，赔偿损失。"

《中华人民共和国物权法》第九十条："不动产权利人不得违反国家规定弃置固体废物，排放大气污染物、水污染物、噪声、光、电磁波辐射等有害物质。"

第三章

交通事故

33. 出租车驾驶员和乘客约定发生交通事故不承担责任,是否有效?

案例:2009 年春节,从外地回家过年的小张在公路边上等候汽车。因当日天气寒冷且大雨倾盆,小张等候多时,未见汽车。无奈之下,拦了一辆个体出租车。出租车驾驶员小华提出因路滑难行,如有意外,本人概不负责。小张因急于回家,表示同意。行驶过程中,因路面太滑,制动失控,该车撞到电线杆上,致使小张头部碰伤,入院治疗用去医疗费用 5000 余元。之后,小张要求出租车驾驶员小华赔偿其损失,而小华则认为双方有免责约定在先,不愿承担医疗费用。小张遂诉至法院。

律师分析:在本案中,要确定小华是否承担赔偿责任,关键在于他们之间事先达成的免责条款是否有效。根据以往司法实践中关于确定免责条款效力的基本经验,《中华人民共和国合同法》规定对于合同履行过程中造成的对方人身伤害,不管违约方有无过错,均不能免责。因此,在本案中,小张可以请求确认该免责条款无效。

法律依据:《中华人民共和国民法通则》第七条规定:"民事活动应当尊重社会公德,不得损害社会公共利益,扰乱社会经济秩序。"

《中华人民共和国合同法》第五十三条规定:"合同中的下列免责条款无效:(一)造成对方人身伤害的;(二)因故意或者重大过失造成对方财产损失的。"

34.公安机关交通管理部门制作的交通事故认定书，是否就是交通事故责任承担的定案依据？

案例：老黄驾驶自己的摩托车在公路上正常行驶，突然，由小张驾驶的从相对方向开来的摩托车越过中线撞了过来，造成老黄受伤入院治疗，用去24000元医疗费的交通事故。公安机关交通管理部门现场勘察后，做出老黄与小张负同等责任的事故认定。老黄认为事故是小张的过错造成的，便要求小张赔偿医疗费24000元等全部费用。小张则认为交通管理部门已经认定事故责任一人一半，只同意赔偿损失的一半。对此，老黄很不服气，遂诉之法院。请问，老黄要求小张赔偿全部损失的诉讼请求能否得到法院的支持？

律师分析：公安机关交通管理部门对交通事故进行勘察、调查和事故认定，是法律规定的一项权利和责任，其做出的事故认定书，在交通事故人身损害赔偿纠纷案中作为证据使用。法院对公安机关交通管理部门做出的事故认定书，一般直接采信作为认定事实的依据，但当事人有证据证明事故认定书的确存在错误的，法院可以不予采信，而以法庭查清的事实作为定案依据。本案中，老黄向法院提起民事诉讼，要求小张赔偿医疗费24000元等，其请求能否得到法院的支持，取决于老黄是否能够举出充分的证据，证明自己没有过错，不承担事故责任；而小张在事故中存在重大过错，应承担全部事故责任。

法律依据：《最高人民法院关于审理道路交通事故损害赔偿案件适用法律若干问题的解释》第二十七条规定："公安机关交通管理部门制作的交通事故认定书，人民法院应依法审查并确认其相应的证明力，但有相反证据推翻的除外。"

35.在何种情况下，当事人可以自行协商处理交通事故？

案例：2012年9月份，王某在朋友处聚会后，驾驶自己小车回家。途中,王某的车辆与魏某驾驶的同行小轿车发生刮擦。由于车辆的损坏比较轻微,且王某承认是自己的过错,两人均同意自行协商处理,不报警。请问,他们可以自行协商而不报警处理吗?

律师分析:当事人自行协商处理交通事故,应当符合以下条件:(1)交通事故没有造成人员伤亡,仅仅是财物损失。(2)当事人对事故的事实和事故的形成原因没有争议。(3)当事人自愿协商处理交通事故引起的损害赔偿事宜。

当事人均办理机动车第三者责任强制保险的,可以根据记录交通事故情况的协议书向保险公司索赔,也可以自行协商处理损害赔偿事宜。

在本案中,交通事故没有造成人员伤亡和重大财产损失,对事故成因无争议,因此,当事人可自行协商处理。

法律依据:《道路交通安全法》第七十条规定:"在道路上发生交通事故,未造成人身伤亡,当事人对事实及成因无争议的,可以即行撤离现场,恢复交通,自行协商处理损害赔偿事宜;不即行撤离现场的,应当迅速报告执勤的交通警察或者公安机关交通管理部门。在道路上发生交通事故,仅造成轻微财产损失,并且基本事实清楚的,当事人应当先撤离现场再进行协商处理。"

36.交通事故的损害赔偿项目包括哪些?

案例:2003 年 5 月,陈某的父亲因一宗交通事故导致死亡。公安交警部门的责任认定是事故对方当事人负全责。由于双方当事人在交警均没有申请调解,陈某准备通过诉讼方式要求对方当事人承担赔偿责任,但不清楚赔偿项目包括哪些。请问,法律是如何规定的?

律师分析:因交通事故引发的损害赔偿,视具体事故所造成的后果确定包括哪些赔偿项目。具体赔偿项目根据《最高人民法院关于审理人身损害赔偿案件适用法律问题的解释》第十七条有明确的规定。

法律依据:《中华人民共和国道路交通安全法实施条例》第九

十五条第二款:“交通事故损害赔偿项目和标准依照有关法律的规定执行”。

《最高人民法院关于审理人身损害赔偿案件适用法律若干问题的解释》第十七条:“受害人遭受人身损害,因就医治疗支出的各项费用以及因误工减少的收入,包括医疗费、误工费、护理费、交通费、住宿费、住院伙食补助费、必要的营养费,赔偿义务人应当予以赔偿。

受害人因伤致残的,其因增加生活上需要所支出的必要费用以及因丧失劳动能力导致的收入损失,包括残疾赔偿金、残疾辅助器具费、被扶养人生活费,以及因康复护理、继续治疗实际发生的必要的康复费、护理费、后续治疗费,赔偿义务人也应当予以赔偿。

受害人死亡的,赔偿义务人除应当根据抢救治疗情况赔偿本条第一款规定的相关费用外,还应当赔偿丧葬费、被扶养人生活费、死亡补偿费以及受害人亲属办理丧葬事宜支出的交通费、住宿费和误工损失等其他合理费用”。

37.借车给他人使用发生交通事故,责任应由谁来负责?

案例:李小姐的一位吴姓朋友向她借车使用,谁知却发生交通事故,造成路人死亡,交通部门认定是她朋友吴某的责任。然而,事发后吴某不知去向,现在死者家属要求李小姐和吴某的家属共同承担责任。

律师分析:因租赁、借用等情形机动车所有人与使用人不是同一人时,发生交通事故后属于该机动车一方责任的,由保险公司在机动车强制保险责任限额范围内给予赔偿。不足部分,由机动车使用人承担赔偿责任;机动车所有人对损害的发生有过错的,承担相应的交通事故赔偿责任。

法律依据:《中华人民共和国侵权责任法》第四十九条规定:

"因租赁、借用等情形机动车所有人与使用人不是同一人时，发生交通事故后属于该机动车一方责任的，由保险公司在机动车强制保险责任限额范围内给予赔偿。不足部分，由机动车使用人承担赔偿责任；机动车所有人对损害的发生有过错的，承担相应的交通事故赔偿责任。"

38. 未投保交强险的机动车所有人是否应先行在交强险限额范围内承担赔偿责任？

案例：林某是边远山区的农民，购买一辆摩托车方便日常生产、生活，既没有年检也没有购买交强险。2010年，林某驾驶该摩托车与张某驾驶的摩托车相撞，发生交通事故，造成张某受伤。经交警认定林某负事故次要责任，张某负主要责任。后张某入院治疗用去医疗费9000多元，医疗终结后还留下7级残疾，需要赔偿残疾赔偿金63000多元。问，张某的以上损失应由谁来承担？

律师分析：投保交强险是机动车所有人的法定义务，机动车所有人未投保交强险，也就违背了法律规定的义务，因而也就应承担相应的民事赔偿责任。机动车所有人不投保交强险，实际上是将这种可分散的风险转嫁于受害人身上，对受害人而言，显然不公平，故这种风险只能由本该投保而未投保的机动车所有人承担。可见，机动车所有人必须购买交强险，否则，就应当承担相应的民事赔偿责任。张某的以上损失本应由保险公司在交强险赔偿限额内赔偿的，由于林某没有购买交强险，张某的以上损失便应由林某承担。

法律依据：《最高人民法院关于审理道路交通事故损害赔偿案件适用法律若干问题的解释》第十九条第一款："未依法投保交强险的机动车发生交通事故造成损害，当事人请求投保义务人在交强险责任限额范围内予以赔偿的，人民法院应予支持"。第二款："投保义务人和侵权人不是同一人，当事人请求投保人和侵权人在交强险责任限额范围内承担连带责任的，人民法院应予支持。”

39.机动车买卖、转让未办理过户手续，如果发生交通事故，原车主是否应承担相应赔偿责任？

案例：赵某在2010年购买了小汽车作为交通工具之后，将原来的摩托车转卖给钱某。不久，钱某在驾驶该摩托车过程中发生交通事故，造成孙某严重受伤，经济损失达60000多元。交警认定钱某违反《中华人民共和国道路交通安全法》的有关规定，负事故主要责任。问，赵某应否对孙某的经济损失承担赔偿责任？

律师分析：机动车合法转让并交付受让人之后，原车主对机动车辆失去了实际控制，受让人成为受让机动车的实际支配人，对受让车辆负有管理和合法使用的权利和义务，如果发生交通事故，应承担相应法律责任。当然，如果转让人将拼装或者已达到报废标准的机动车进行转让，其主观上明显具有过错，则要与受让人一起承担连带赔偿责任。

法律依据：《中华人民共和国侵权责任法》第五十条：“当事人之间已经以买卖等方式转让并交付机动车但未办理所有权转移登记，发生交通事故后属于该机动车一方责任的，由保险公司在机动车强制保险责任限额范围内予以赔偿。不足部分，由受让人承担赔偿责任”。

第五十一条：“以买卖等方式转让拼装或者已达到报废标准的机动车，发生交通事故造成损害的，由转让人和受让人承担连带责任。”

40.交通事故发生后，当事人或代理人是否有权到公安交警部门复印案卷有关证据资料？

案例：庄某在2011年期间发生交通事故，公安机关现场勘察后认定庄某负事故主要责任。庄某对公安机关的事故认定不服，认为交警部门认定事实不清、责任分担不公平，拟申请复核，因而到交警部门申请复印相关资料作为证据使用,然而,庄某的要求遭到交警部门的拒绝。请问:交警部门的处理是否妥当?

律师分析:道路交通事故发生后,公安交警部门负责对事故发生的原因、事实及责任承担等依法做出认定,事故各方当事人对公安交警部门调查的事实及做出的事故认定不服的,可以申请复核,也可以在诉讼过程中向法院提供新的证据以便于法院对事实做出正确认定。为保障交通事故处理程序的合法、公正,法律保障各方当事人有权到公安交警部门查阅、复制、摘录有关证据材料。

法律依据:《道路交通事故处理程序规定》第八十条:"除涉及国家秘密、商业秘密或者个人隐私,以及应当事人、证人要求保密的内容外,当事人及其代理人收到道路交通事故认定书后,可以查阅、复制、摘录公安机关交通管理部门处理道路交通事故的证据材料。公安机关交通管理部门对当事人复制的证据材料应当加盖公安机关交通管理部门事故处理专用章。"

第四章

农村土地承包

41. 土地承包剩余期限的流转费归谁所有?

案例:高州市黄某一直在茂名做生意,4 年前,他将自己的承包地转包给他人,土地转包合同中约定,转包费每年 1000 元,转包期限 20 年,转包费共 2 万元,一次性付清。2010 年黄某在高州市区买了房子,并将一家五口户口全部转为茂名市区户口。村民小组认为黄某迁出户口后,就不再享有土地承包经营权,不应该再收取土地流转费,要其将 2010 年以后剩余的土地流转费返还村民小组所有。黄某却认为,自己转包土地在先,迁出户口在后,收入应该归个人所有。双方争执不下。

律师分析:承包人无权收取剩余流转期限的流转价款。承包方一次性收取了流转费后,如果发包方请求承包方返还剩余期限的流转费,应当支持。如果流转费是分期支付的,第三人则应当将流转费支付给发包方,因此剩余流转费归村民小组所有是正确的。

法律依据:《最高人民法院关于审理涉及农村土地承包纠纷案件适用法律问题的解释》第九条:“发包方根据《农村土地承包法》第二十六条规定收回承包地前,承包方已经以转包、出租等形式将其土地承包经营权流转给第三人,且流转期限尚未届满,因流转价款收取产生的纠纷,按照下列情形,分别处理:

(一)承包方已经一次性收取了流转价款,发包方请求承包方返还剩余流转期限的流转价款的,应予支持。

(二)流转价款为分期支付,发包方请求第三人按照流转合同的约定支付流转价款的,应予支持。”

42. 土地承包期有期限限制吗?

案例:某村民小组召开村民会议,决定将本村集体的一块2亩耕地发包给本村村民张某,承包金每亩每年500元,承包期限定为50年。承包合同签订后,村委会得知后告诉该村民小组,承包期限的约定不合法,但村小组认为是村集体的土地,村小组有权决定承包期限。那么,农村土地承包有具体期限限制吗?

律师分析:承包期限是土地承包制度的一项重要内容。我国对土地实行用途管理制度。土地管理法按照土地的用途,将土地划分为农用地、建设用地和未利用地,其中的农用地又包括耕地、林地、草地、农田水利用地和养殖水面等。农村土地承包法对不同用途的土地的承包期限有明确规定。本案的土地为耕地,承包期为30年。

法律依据:《中华人民共和国农村土地承包法》第二十条:“耕地的承包期为三十年。草地的承包期为三十年至五十年。林地的承包期为三十年至七十年。特殊林木的林地承包期,经国务院林业行政主管部门批准可以延长。”

43. 集体将土地公开发包,本村村民是否有优先权?

案例:李某所在的村民小组以招投标方式将该村的一块土地经营权发包,最后剩下李某与外村的黄某竞包条件一样,李某认为其有优先权,应优先取得该土地经营权。

律师分析:在土地承包经营权流转过程中,在同等条件下,本集体经济组织成员享有优先权。这种法定优先权不得随意剥夺。本案李某在与外村的黄某竞包条件一样,即同等条件,因此李某享有法定优先承包权。

法律依据:《中华人民共和国农村土地承包法》第三十三条:“

土地承包经营权流转应当遵循以下原则：

（一）平等协商、自愿、有偿，任何组织和个人不得强迫或者阻碍承包方进行土地承包经营权流转；

（二）不得改变土地所有权的性质和土地的农业用途；

（三）流转的期限不得超过承包期的剩余期限；

（四）受让方须有农业经营能力；

（五）在同等条件下，本集体经济组织成员享有优先权。”

44.农村承包土地被依法征收，地上附着物和青苗补偿费归谁所有？

案例：某市曹江镇林某在2009年将村集体发包给自己的一块土地转包给宋某，宋某种植香蕉，2012年，该土地因包茂高速公路建设被依法征收。林某提出当时没有约定土地被征收时相关补偿款归谁所有，所以主张该地的青苗补偿费归他。宋某认为该地香蕉是其种的，青苗补偿费应归其所有。双方争执不下。

律师分析：青苗补偿费是指国家征收土地时，农作物正处在生长阶段而未能收获，国家给予土地承包者或土地使用者的经济补偿。本案林某将承包土地流转给宋某承包经营，双方对国家征收土地时的青苗费补偿归属没有特别约定，有关青苗补偿费应归实际投入的宋某所有。

法律依据：《最高人民法院关于审理涉及农村土地承包纠纷案件适用法律问题的解释》第二十二条第二款：“承包方将土地承包经营权以转包、出租等方式流转给第三人的，除当事人另有约定外，青苗补偿费归实际投入人所有，地上附着物归附着物所有人所有。”

45.改变土地用途，可以解除土地承包合同吗？

案例：2011年，高州市荷花镇陈某与该村小组经协商一致，签订了一份承包合同，约定村小组将集体所有的荔枝园约40亩发包给陈某。合同签订后，陈某立即在承包土地取土大肆开采高岭土，破坏植被，导致水土流失，村民纷纷反对陈某的破坏行为。后村方制止，认为陈某取土违反约定，应该立即解除。陈某不服，发生纠纷。

律师分析：未经批准，不得改变土地用途，将土地用于非农建设，否则违反法律强制性规定。陈某擅自改变土地用途，致使合同目的不能实现，应当请求予以解除合同。

法律依据：《中华人民共和国农村土地承包法》第十七条规定："承包方承担下列义务：（一）维持土地的农业用途，不得用于非农建设；（二）依法保护和合理利用土地，不得给土地造成永久性损害。"

46.不履行土地承包约定义务是否应承担违约责任？

案例：2009年张某从李某处转包了一片土地，承包前土地内有十多亩耕地、养鸡场和房屋。在合同签订后，又经双方协商签订了补充协议，补充协议中写有一个月内李某把养鸡场内的物料清理出去，如违约，违约金两万元，后因李某没有把养鸡场内的物料清理出去。张先生起诉李某违约，要求依约支付违约金两万元。

律师分析：李某的做法构成违约，张某可以要求李某承担违约责任并赔偿损失。张某与李某签订的合同是双方自愿签订，不违反法律法规规定，是双方真实的意思表示，合法有效，双方应予遵守。李某没有按照补充协议规定，履行其清理养鸡场物料的责任，属于违约，要依法支付违约金。

法律依据：《中华人民共和国合同法》第六十条第一款规定："当事人应当按照约定全面履行自己的义务。"第一百零七条规定："当事人一方不履行合同义务或者履行合同义务不符合约定的，应当承担继续履行、采取补救措施或者赔偿损失等违约责任。"第一百一十三条规定："当事人一方不履行合同义务或者履行合同义务不符合约定，给对方造成损失的，损失赔偿额应当相当于因违约所造成的损失，包括合同履行后可以获得的利益，但不得超过违反合同一方订立合同时预见到或者应当预见到的因违反合同可能造成的损失。”

47.土地承包经营权转让合同的效力如何认定？

案例：2009年，张某未经所在村同意，便与一镇政府干部李某签订土地承包经营权流转协议。协议约定，张某将3亩多稻田土地承包经营权永久性转让给李某，李某一次性交付流转费人民币2万元，如有国家和有关部门征占该地块时，地上、地下一切补偿费归李某所有。村方认为土地承包经营权转让合同未经同意转让无效。

律师分析：本案双方当事人之间签订的是家庭土地承包经营权转让合同，转让与转包是不同的概念，同时，该转让也侵犯同村村民优先承包权，因此本案所签订的合同无效。

法律依据：《最高人民法院关于审理涉及农村土地承包纠纷案件适用法律问题的解释》第十三条：“承包方未经发包方同意，采取转让方式流转其土地承包经营权的，转让合同无效。但发包方无法定理由不同意或者拖延表态的除外。”

48.违反民主议事程序签订的合同有效吗？

案例：2000年5月高州某村民小组长与本村村民田某签订了《土地承包合同》，村民小组长在合同上签名，并加盖村民小组印章，约定合同期限为15年。村民获知后，认为该合同未经村民代表大会通过，于是向法院提起诉讼要求确认《土地承包协议》无效。

律师分析：《中华人民共和国村民委员会组织法》、《中华人民共和国土地管理法》及《中华人民共和国农村土地承包法》等已明确规定土地发包应遵循民主议定原则，通过村民会议的决议才能发包。即使承包合同发包方由该村负责人签字，且由负责人在合同上加盖该村的印章,但承包方尚未获取发包方出示的证明其发包已符合民主议事原则的依据前,不能证实其承包行为经发包方多数村民同意。

法律依据:《中华人民共和国土地管理法》第十五条第二款"农民集体所有的土地由本集体经济组织以外单位或者个人承包经营的,必须经村民会议三分之二以上成员或者三分之二以上村民代表的同意,并报乡(镇)人民政府批准。"

《中华人民共和国农村土地承包法》第四十八条:"发包方将农村土地发包给本集体经济组织以外的单位或者个人承包,应当事先经本集体经济组织成员的村民会议三分之二以上成员或者三分之二以上村民代表的同意,并报乡(镇)人民政府批准。"

第五章

财物、人身损害赔偿责任

49. 房屋窗户被邻居堆放柴草堵塞，该怎么办？

案例：某甲与某乙是同村邻居，一天某乙在某甲房屋窗边堆放大量的柴草，致使某甲的房屋通风和采光受到严重影响，于是某甲要求某乙立即清除柴草，某乙以堆放地属其所有为由，不肯清除，于是产生纠纷。

律师分析：这是一起相邻权纠纷，案中某乙的行为属于侵害相邻权的侵权行为。这种侵权行为是相邻关系中负有义务的一方由于不履行相邻义务，而使相邻另一方的相邻权益受到侵害，属于违反法定义务的违法行为构成的。侵害相邻权的损害事实，一般表现为无形的损害，例如：对通风、采光、排水、滴水等造成不方便，或者对权利行使造成妨碍。在有些情况下，侵害相邻权也会造成实际的财产损害，如处在上游的人抢占水源或过量排水，造成下游粮食减产或水灾损失，就是财产的实际损失。本案某乙的行为侵害了某甲的通风权、采光权，应清除堆放的柴草。

法律依据：《中华人民共和国民法通则》第八十三条：“不动产的相邻各方，应当按照有利生产，方便生活，团结互助，公平合理的精神，正确处理截水、排水、通行、通风、采光等方面的相邻关系，给相邻方造成妨碍或者损失的，应当停止侵害，排除妨碍，赔偿损失。”

50. 在公路上晒谷导致交通事故应该赔偿吗？

案例：钟某为了方便，将自家收割的稻谷直接晒在田边的公路边上,并在晒谷的南、北两头用几块石头阻挡,防止过往车辆碾压稻谷。陈某驾驶摩托车经过该路段时,由于车速过快躲避不及,撞上钟某在公路晒谷堆放的石头,陈某本人及摩托跌倒,造成其身体多处受伤及摩托车损坏,共用去医疗费4000多元,摩托车毁坏损失800多元。陈某向法院起诉钟某,要求赔偿其上述损失,法院判决钟某应向陈某赔偿。

律师分析:案中钟某在公路上晒谷及堆放石头,导致陈某开车路过时跌倒受伤的行为,属于在公共道路妨碍通行的行为,应当承担侵权损害赔偿责任。构成该责任须具备三个条件:(1)有在公共道路堆放、倾倒、遗撒妨碍通行物品的行为;(2)有损害事实的发生;(3)损害事实与堆放等行为有因果关系。本案就具备和符合上述三种条件。当然,上述案中如受害人陈某有一定过错,可适当减轻钟某的责任。另外,如果公共道路管理部门管理责任不到位,也可能要承担一定责任。

法律依据:《中华人民共和国侵权责任法》第八十九条:"在公共道路上堆放、倾倒、遗撒妨碍通行的物品造成他人损害的,有关单位或者个人应当承担侵权责任。"

《中华人民共和国公路法》第四十三条第二款规定:"县级以上地方人民政府交通主管部门应当认真履行职责,依法做好公路保护工作,并努力采用科学的管理方法和先进的技术手段,提高公路管理水平,逐步完善公路服务设施,保障公路的完好、安全和畅通"。

《中华人民共和国道路交通安全法》第一百零四条:"未经批准,擅自挖掘道路、占用道路施工或者从事其他影响道路交通安全活动的,由道路主管部门责令停止违法行为,并恢复原状,可以依法给予罚款;致使通行的人员、车辆及其他财产遭受损失的,依法承担赔偿责任。有前款行为,影响道路交通安全活动的,公安机关交通管理部门可以责令停止违法行为,迅速恢复交通。"

51. 被树上自行落下的木瓜砸伤,能得到赔偿吗?

案例:某小学围墙内侧两棵3米多高的木瓜树结了许多木瓜,其中有部分已成熟,摇摇欲坠。有老师及家长认为:木瓜树下常有小学生玩游戏,如有木瓜落下,可能砸伤人而导致伤害事故,要求校工摘下部分木瓜,并架设围栏及告示危险勿近,但校工认为不会发生木瓜落下砸伤人的事故,即使出现此类事故,纯属意外,与学校及自己都无关。某日,其中一棵木瓜树上自行落下的木瓜果然砸伤了正在树下玩游戏的一位小学生的脚背,并导致一个脚趾骨折,用去医疗费2000多元,后受伤家长起诉校方,要求赔偿医疗费等损失。第一种观点认为:本案中学生被木瓜砸伤属自然伤害,学校无须赔偿。第二种认为:学校未尽安全谨慎义务,有过错,应负赔偿责任。

律师分析:本案第二种观点符合有关法律规定。本案中木瓜坠落造成他人受伤,属于物件造成的损害,适用过错推定原则确定侵权责任。处理这类侵权责任的规则是:树木折断,果实坠落造成他人损害的,其所有人或者管理人应当承担民事责任。如果所有人或者管理人能够证明自己没有过错的,则应当适当免除责任。

法律依据:《最高人民法院关于审理人身损害赔偿案件适用法律若干问题的解释》第十六条一款:"下列情形,适用民法通则第一百二十六条的规定,由所有人或者管理人承担赔偿责任,但能够证明自己没有过错的除外:(三)树木倾倒、折断或者果实坠落致人损害的。"

52. 两牛相斗,造成一牛死亡,牛的主人应否赔偿?

案例:村民曹某与刘某早有积怨。某日,曹某耕田后牵牛回家,在桥头处遇见牵牛的刘某。刘对曹讲自己的牛好斗,让曹某拉牛到路边避一下。曹某不愿意,故意想让两头牛斗一下,自己的牛若是赢了可借机出口气。两头牛相遇时,刘某拉扯不住,两牛相斗起来。刘某的牛占上风,追抵曹某的牛,曹某的牛逃跑中一头掉进淤泥里,后曹某的牛窒息死亡。曹某起诉,要求刘某赔偿其损失。

律师分析:该案曹某财产损失(耕牛死亡)的原因,在于刘某告知其危险后,曹某故意放任两牛相斗,导致损害后果发生。案中刘某已先告知让曹某牵牛到路边避一下,且对该牛无法控制,因而无过错;相反,曹某既不让自己的牛避让,还故意放任让两牛相斗,对自己的利益放任不管,存在明显过错,其对损害结果发生有故意,依照我国《中华人民共和国侵权责任法》第二十七条之规定,刘某不承担责任。

法律依据:《中华人民共和国侵权责任法》第二十七条:"损害是因受害人故意造成的,行为人不承担责任。"

53.两个合伙人,其中一个合伙人在执行合伙事务中造成他人伤害,两合伙人应承担连带责任吗?

案例:某甲与某乙合资购买两部汽车,合伙经营汽车运输业务,两人约定:各自驾驶一部汽车,日常汽车运输收支由双方平均。某日,某乙在开车运货途中因疲劳驾驶,致汽车失控撞伤某丙。某丙要求某乙赔偿其医疗费等损失。

律师分析:案中造成某丙伤害,本来是某乙一人行为所致,但他是在执行合伙事务中致人损害,依照个人合伙的法律规定,执行合伙事务的行为,就是合伙的行为,应当由全部合伙人共同承担连带责任。因此,本案某丙的损害应由某甲及某乙连带承担全部赔偿责任。

法律依据:《中华人民共和国民法通则》第三十四条第二款:"合伙人可以推举负责人。合伙负责人和其他人员的经营活动,由全体合伙人承担民事责任。"

54.组织群众性活动,安全保障应由谁负责?

案例:某村委会为提高本村的知名度及推销本村出产的荔枝

等农产品，便在荔枝收购季节时，请来歌舞团到村委会礼堂演出，邀请荔枝收购商到场观看，并开放村民入场观看。由于未限制入场人数，致使容纳几百人的礼堂挤进 1000 多人。后因拥挤发生踩踏事故，致使数十人受伤。

律师分析：该案属于因村委会组织群众性活动时未尽安全保障义务，造成他人损害的案件，村委会应负赔偿责任。安全保障义务主要是指：从事住宿、餐饮、娱乐等经营活动或者其他群众性活动的个人、单位、其他组织，应尽的合理限度及范围内使他人人身、财产免受损害的义务。依照《中华人民共和国侵权责任法》第三十七条第一款的规定，它属于一种法定义务。所以，违反该法定义务造成他人损害的，属于侵权行为，应承担侵权责任。

法律依据：《中华人民共和国侵权责任法》第三十七条："宾馆、商场、银行、车站、娱乐场所等公共场所的管理人或者群众性活动的组织者，未尽到安全保障义务，造成他人损害的，应当承担侵权责任。"

55.受伤能获得精神损害赔偿吗？

案例：钟某故意殴打郭某致轻伤，郭某因伤住院 20 多天，共用去医疗费 5000 多元。伤愈出院后，郭某起诉要求钟某赔偿医疗费、误工费等损失 8000 多元，并要求钟某赔偿精神损害赔偿费 3000 元。后法院只判决钟某赔偿医疗费、误工费等损失给郭某，而驳回精神损害赔偿的请求。

律师分析：根据《中华人民共和国侵权责任法》第二十二条及相关司法解释，目前我国司法实践对精神损害赔偿适用范围限定为"人身权益受到损失"，即因生命、健康、姓名权、名誉权、肖像权、隐私权等受到他人损害时，才有可能产生精神赔偿。但要真正判决支持得到精神赔偿，还要求"造成他人严重精神损害"。所谓"严重"，当前司法实践中主要做法，以达到伤残等级标准才能提起精神赔偿；如果没有达到伤残等级标准，一般不予支持。本案郭某虽受轻伤，并住院治疗，但住院时间相对不长，治愈出院后没有后遗症,所以判决不支持其精神损害赔偿请求是有法律根据的。

法律依据:《中华人民共和国侵权责任法》第二十二条"侵害他人人身权益,造成他人严重精神损害的,被侵权人可以请求精神损害赔偿。"

56.雇员在送货途中被货物压伤,雇主有赔偿责任吗?

案例:甲为乙打工。一天,在搬运货物送货时,货物不牢压伤甲,乙应承担赔偿责任吗?

律师分析:《最高人民法院关于审理人身损害赔偿案件适用法律若干问题的解释》中明确了雇员在从事雇佣活动中遭受人身损害,雇主应当承担赔偿责任。本案甲所搬运送货的是在从事雇佣活动,被货物压伤,雇主乙应承担赔偿甲因此而遭爱到的损失。

法律依据:《最高人民法院关于审理人身损害赔偿案件适用法律若干问题的解释》第十一条:"雇员在从事雇佣活动中遭受人身损害,雇主应当承担赔偿责任。"

第六章

劳动合同纠纷及处理

57. 无劳动合同用工，劳动者权益如何保障？

案例：2012年，张某与几个老乡到某市制衣企业找工作。张某一行人安顿下来后，第二天便直接上岗，期间未与企业签订任何劳动合同，厂方也未为雇员缴纳社保医保。有一天，张某被厂方找个理由辞退了，而且，厂方没有做出任何补偿。张某几次和厂方谈，都没有得到厂方的回应。最终，张某向法院起诉，要求获得合理的补偿。

律师分析：《中华人民共和国劳动合同法》明确规定，建立劳动关系必须订立书面劳动合同，合同应约定劳动者工资待遇、缴纳社会保险费、解除劳动合同后的补偿等有关事项。可见，签订书面劳动合同有利于明确双方权利义务关系，避免发生劳资纠纷。但现实是很多企业为逃避为雇员缴纳保险费或承担工伤损失等责任，而不与其雇员签订书面劳动合同。劳动者的权益便得不到保障，企业也可随时辞退雇员。所以，在建立劳动关系时，劳资双方都应该严格履行《中华人民共和国劳动合同法》的相关规定，从而更好地维护自己的合法权益。

在本案中，该制衣企业拒绝与雇员签订劳动合同，随意辞退工人的做法是严重违背《中华人民共和国劳动合同法》的规定，必须予以纠正，按规定给予雇员两倍工资补偿，并给予雇员经济补偿标准两倍的赔偿金。

法律依据：《中华人民共和国劳动合同法》第十条规定："建立

劳动关系应当订立书面劳动合同。”第八十二条规定：“用人单位自用工之日起超过一个月不满一年未与劳动者订立书面劳动合同的，应当向劳动者每月支付二倍的工资。用人单位违反本法规定不与劳动者订立无固定期限劳动合同的，自应当订立无固定期限劳动合同之日起向劳动者每月支付二倍的工资。”第八十七条规定：“用人单位违反本法规定解除或者终止劳动合同的，应当依照本法第四十七条规定的经济补偿标准的二倍向劳动者支付赔偿金。”

58. 任意调换劳动者岗位，劳动者如何维权？

案例：2010年8月，李某进入一家建筑公司工作，并与公司签署了劳动合同。合同中约定“正式聘用李某为公司的技术员”，合同期为5年，同时还约定了李某的工资水平及福利待遇。同年的11月份，公司突然将李某降职，使其成为普通员工，事前事后都没有给李某一个合理的解释。同时，李某在技术员获得的月薪水平也随之下调，每月只能领普通员工标准的薪金。李某认为既然劳动合同中明确约定了自己进入该公司工作后的职位、工资水平及福利待遇，公司便不能擅自更改，遂向劳动仲裁委员会提出了仲裁申请。

律师分析：用人单位不能随便调换劳动者的职位。依照《中华人民共和国劳动合同法》的规定，签订的劳动合同具有法律效力，合同双方当事人都受该合同的约束，因而必须严格履行合同中规定的义务，任何一方不得违背合同规定条款行事。同时，合同内容的变更也有严格的要求，没有法定的变更理由，也没有双方当事人的协商一致，任何一方都不能对合同的内容做出随意的变更。如果对合同的关键内容做出变更，使合同的履行目的不能达到，则是根本违约的情形。在劳动合同中，工作职位是十分重要的内容，对工作职位进行变更便是对合同的变更，是违约行为。

本案中，这家公司在没有法定事由，也没有与李某协商达成一致的情形下，就擅自将李某调离技术员的职位，是一种违约行为。

法律依据:《中华人民共和国劳动合同法》第二十九条规定:“用人单位与劳动者应当按照劳动合同的约定,全面履行各自的义务。”第三十五条规定:“用人单位与劳动者协商一致,可以变更劳动合同约定的内容。变更劳动合同,应当采用书面形式。变更后的劳动合同文本由用人单位和劳动者各执一份。”

59. 用人单位违约终止劳动合同,劳动者如何维权?

案例:2011 年 5 月,阿平来到某市的某家汽车公司工作。工作前,公司与阿平签订了劳动合同,规定了用人时间为 1 年,同时规定了基本工资水平、福利待遇、保险费用的缴纳等事项。之后不到 1 个月的时间,公司突然收回了和阿平签的劳动合同,没有给出任何理由的同时又与阿平重新签订了一份 6 个月的劳动合同。6 个月后,合同到期,阿平想继续在这个公司工作,可该公司不愿再与阿平续签,而且也未给予阿平任何经济补偿。阿平以公司这种做法违反了《中华人民共和国劳动合同法》为由,将公司告上法庭,要求获得应得的赔偿。

律师分析:《中华人民共和国劳动合同法》明确规定了解除员工的条件以及对员工的补偿办法。第四十六条第五项明确规定,除用人单位维持或者提高劳动合同约定条件续订劳动合同,劳动者不同意的情形外,劳动合同期满、劳动合同解除的情形下,用人单位也要支付劳动者经济补偿。这就规定了自然解除劳动合同的情况下公司也要支付经济补偿。阿平所在汽车公司为了减少解雇员工的支出,擅自收回原合同,订立新的为期 6 个月的新合同,这样一来规避了解除劳动合同支付劳动者经济补偿金,但这种做法于法不符。按照原合同规定,用工期满自然终止时间应该为 2012 年 5 月,在没有法定解除条件的前提下,公司按照擅自签订的 6 个月的合同终止雇佣,等于是提前终止合同,且不对阿平进行经济补偿。因此,阿平可以向劳动保障部门投诉处理。

法律依据:《中华人民共和国劳动合同法》第四十六条规定:“有下列情形之一的,用人单位应当向劳动者支付经济补偿:

(一)劳动者依照本法第三十八条规定解除劳动合同的;

(二)用人单位依照本法第三十六条规定向劳动者提出解除劳动合同并与劳动者协商一致解除劳动合同的;

(三)用人单位依照本法第四十条规定解除劳动合同的;

(四)用人单位依照本法第四十一条第一款规定解除劳动合同的;

(五)除用人单位维持或者提高劳动合同约定条件续订劳动合同,劳动者不同意续订的情形外,依照本法第四十四条第一项规定终止固定期限劳动合同的;

(六)依照本法第四十四第四项、第五项规定终止劳动合同的;

(七)法律、行政法规规定的其他情形。”

60.试用期期限是用人单位自主任意决定吗?

案例:小芳高中毕业后到某市制鞋厂务工,厂方提出可以聘请,先订劳动合同两年,其中试用期为半年。小芳觉得试用期太长,厂方说这是厂方有权决定的。那么,厂方说法合法吗?

律师分析:试用期是指包括在劳动合同期限内,劳动关系还处于非正式状态。滥用试用期是侵犯劳动者权益的,劳动合同法规定了试用期的限制。案中劳动合同期限为两年,依法试用期不得超过两个月。

法律依据:《中华人民共和国劳动合同法》第十九条第一款规定:“劳动合同期限三个月以上不满一年的,试用期不得超过一个月;劳动合同期限一年以上不满三年的,试用期不得超过二个月;三年以上固定期限和无固定期限的劳动合同,试用期不得超过六个月。”

61. 劳动合同对劳动报酬约定不明确，该如何处理？

案例：务工前，李某与一家装潢公司签订有《劳动合同》，对劳动报酬合同只约定“每月工资根据李某参与工作的工程实际情况及表现计算”。到月底发工资时，李某发现其他员工至少有2000元以上，而自己只有1600元，便向公司提出异议。公司解释是按合同根据李某的具体工作表现计算的。李某不服，认为公司支付工作报酬1600元太少，并向劳动仲裁机构提起了仲裁申请。

律师分析：劳动报酬，是指用人单位根据国家有关规定和劳动合同的约定以货币形式直接支付给劳动者的工资。它包括计时工资、计件工资、奖金、津贴和补贴、延长工作时间的工资以及特殊情况下支付的工资等。在本案中，李某与公司签订的劳动合同对劳动报酬的笼统约定“根据李某参与工作的工程实际情况及表现计算”，属于约定不明确。本案可以通过三种方式解决：(1)由李某与公司重新协商。双方就劳动报酬标准重新进行商定，并以书面形式加以明确规定。(2)适用集体合同规定。(3)没有集体合同或者集体合同未规定劳动报酬的，实行同工同酬。(4)没有集体合同或者集体合同未规定劳动条件标准的，适用国家有关规定。

法律依据：《中华人民共和国劳动合同法》第十八条规定：“劳动合同对劳动报酬和劳动条件等标准约定不明确，引发争议的，用人单位与劳动者可以重新协商；协商不成的，适用集体合同规定；没有集体合同或者集体合同未规定劳动报酬的，实行同工同酬；没有集体合同或者集体合同未规定劳动条件等标准的，适用国家有关规定。”

62. 劳动合同中，双方是否可以约定违约金条款？

案例：张某在甲公司工作了4年(合同期为5年)，因特殊原因，提出辞工。公司同意其辞工，但认为合同未期满，要求张某按合同支付违约金6万元。原来，张某与甲公司的劳动合同中约定有这样的条款：如果张某在合同期间出现任何违约行为，都需无条件地支付给公司6万元的违约金。张某认为条款不合法，不同意付。双方为违约金问题发生纠纷。

律师分析：案例中的情况，虽然表面上看公司的理由似乎很有道理，但是劳动法上违约金的约定是有条件的。只有两种情况下，用人单位才可以在劳动合同中约定违约金，要么是劳动者违反保密规定和敬业禁止义务，要么是劳动者违反服务期的特别约定，其他任何情况下任何理由都不能成为劳动者承担违约金的法定情形。劳动法上的违约责任，不可以由当事人任意约定，违反法律的强制性规定约定违约金，依法是无效的。

法律依据：《中华人民共和国劳动合同法》第二十二条规定："用人单位为劳动者提供专项培训费用，对其进行专业技术培训的，可以与该劳动者订立协议，约定服务期。"

"劳动者违反服务期限约定的，应当按照约定向用人单位支付违约金。违约金的数额不得超过用人单位提供的培训费用。用人单位要求劳动者支付的违约金不得超过服务期尚未履行部分所应分摊的培训费用。"

"用人单位与劳动者约定服务期的，不影响按照正常的工资调整机制中劳动者在服务期期间的劳动报酬。"

第二十三条规定："用人单位与劳动者可以在劳动合同中约定保守用人单位的商业秘密和与知识产权相关的保密事项。对负有保密义务的劳动者，用人单位可以在劳动合同或者保密协议中与劳动者约定竞业限制条款，并约定在解除或者终止劳动合同后，在竞业限制期限内按月给予劳动者经济补偿。劳动者违反竞业限制约定的，应当按照约定向用人单位支付违约金。"

第二十五条规定："除本法第二十二条和第二十三条规定的情形外，用人单位不得与劳动者约定由劳动者承担违约金。"

63.劳动者单方面解除劳动合同，用人单位可否要求赔偿？

案例：小美是某广告公司员工。在订立劳动合同时，双方约定小美工作职位是“办公室文员”。可是当小美开始工作后，公司却让小美上街发放宣传单张，而且还规定了每天发放宣传单张的数量以及工作时间，并告知小美，如果不按照公司规定做，就不给发工资。为此，小美不得不每天从早晨8点就开始上街口发宣传单张，一直到晚上7点才算工作结束。小美觉得公司这种做法太苛刻，提出了辞工。但公司却拿出当初签订的劳动合同说：你不干属单方解除合同。按照劳动合同的约定应赔偿单位损失5000元。双方发生纠纷诉至仲裁机构。

律师分析：案例中，小美去公司工作后，该公司并未按合同上约定的“办公室文员”的职位给小美安排工作。同时，该公司以不发工资威胁小美工作，其要求的工作时间也超过法律规定的8小时工作制。根据《中华人民共和国劳动合同法》相关规定，小美完全可以和该公司解除劳动合同，不需赔偿该公司任何损失。

法律依据：《中华人民共和国劳动合同法》第三十八条第一款规定：“用人单位有下列情形之一的，劳动者可以解除合同：(一)未按照劳动合同约定提供劳动保护或者劳动条件的”；第二款：“用人单位以暴力、威胁或者非法限制人身自由的手段强迫劳动者劳动的，或者用人单位违章指挥、强令冒险作业危及劳动者人身安全的，劳动者可以立即解除劳动合同，不需事先告知用人单位。”

64.劳动者患病期间，用人单位能否将其辞退？

案例：小勤是某公司的保安员，在该公司已经工作8年。在一次假期探访朋友，小勤发生了车祸，导致了精神失常，并经医疗机构鉴定为重度精神病。该公司认为小勤已经丧失了工作能力，遂要将小勤解雇，小勤妻子认为小勤对公司无功劳也有苦劳，公司落井下石,这种做法于情于法不合,损害了小勤的合法权益。请问,该公司是否能在此时解雇小勤?

律师分析:根据相关法律法规的规定,该公司是有权辞退小勤的。这在法律上必须符合这样一种情形:虽然劳动者在平时的工作中没有什么不当,但因为一些原因导致劳动合同的目的无法达到,正常履行的可能性没有了。

本案中,小勤遭遇车祸,成为重度精神病患者,其无论是智力与精神状态都已经不能很好地完成原来的工作,致使合同目的达不到,公司遂只能与其解除劳动合同。但这种情况有一个前提是,使劳动者失去继续履行合同的能力的疾病不能是职业病或因工负伤,不能与用人单位有任何关系,否则用人单位不能将其辞退;还有,劳动者非公患病、负伤、不能再工作时,用人单位也不能马上解除合同,而是要提前告知劳动者,在达到法定期间后或者多支付一个月的工资时才可商谈解除双方的劳动合同。

法律依据:《中华人民共和国劳动合同法》第四十条规定:“有下列情形之一的,用人单位提前三十日以书面形式通知劳动者本人或者额外支付劳动者一个月工资后,可以解除劳动合同。

(一)劳动者患病或者非因工负伤,在规定的医疗期满后不能从事原工作,也不能从事由用人单位另行安排的工作的;

(二)劳动者不能胜任工作,经过培训或者调整工作岗位后,仍不能胜任工作的;

(三)劳动合同订立时所依据的客观情况发生重大变化,致使劳动合同无法履行,经用人单位与劳动者协商,未能就变更劳动合同内容达成协议的。”

第七章

民间借贷、租赁、消费者权益

65. 民间借贷利率可以高于银行利率多少?

案例:2010 年李某因生产急需,经人介绍以月利率 5 分向丁某借款 10 万元。借款到期无力偿还。2011 年丁某向法院起诉李某还本并按约定付息。案经法院判决,认定借款月利率 5 分过高,只能按中国人民银行同期贷款利率的 4 倍计算。

律师分析:本案借款利率尽管是双方自愿约定,但根据我国法律相关规定,民间借贷利率可以适当高于银行利率,但上限为银行利率 4 倍。一些人往往被超高利率吸引、迷惑而出借款,结果无法达到按约定计取利息,甚至被骗血本无归。

法律依据:最高人民法院《关于人民法院审理借贷案件的若干意见》第六条:"民间借贷的利率可以适当高于银行的利率,各地人民法院可根据本地区的实际情况具体掌握,但最高不得超过银行同类贷款利率的四倍(包含利率本数)。超出此限度的,超出部分的利息不予保护。"

66. 债务人提前偿还借款,是按实际借款时间计息还是按原约定时间计息?

案例:2009 年 3 月,刘某借款 20000 元给邻村张某。双方自愿签订的借款协议规定:借款利率每月按月利率 1%(1 分)计算;借款期限 2 年,提前还款的,利息仍按 2 年计算。借款后,张某按期付清利息。2010年3月,张某提出提前全部归还借款,利息按实际借用期限计算即计至2010年3月止;刘某同意张某提前还款,但要按原合同的约定期限计算利息,即利息要计算到2011年3月。张某认为已提前还本了,不可能按原约定计息。双方发生纠纷。

律师分析:本案中,因为刘某与张某之间的借款合同对提前还款的利息支付已有明确约定,约定是合法有效的。因此,刘某要求按合同的约定计算利息是成立的,不存在张某认为的所谓不公平。如果对提前偿还的利息计算没有约定,则按实际借款的期间计算。

法律依据:《中华人民共和国合同法》第二百零八条:"借款人提前偿还借款的,除当事人另有约定的以外,应当按照实际借款的期间计算利息。"

67. 民间借贷中,借款介绍人有偿还借款的责任吗?

案例:甲、乙是同村外出务工青年,乙与丙是朋友。丙因生意需要筹集资金,通过乙的介绍,丙向甲借款3万元。在丙立的借据中,乙作为介绍人签名。借款到期后,丙只归还了甲2万元,还有1万元无法偿还。甲认为当初是乙介绍才同意借款给丙的,丙无法还则乙应该代丙偿还尚欠的1万元。乙认为自己仅作为介绍人并不是担保人,没有还款责任。为此甲与乙发生纠纷。

律师分析:在民间借贷中,往往有借款介绍人。由于借款合同的具体权利义务是由出借人和借款人双方订立的,对借款介绍人没有约束力。因此,在借贷关系中,仅起联系、介绍作用的人,不承担保证责任。本案中,甲要求借款介绍人乙承担还款责任不成立。

法律依据:《最高人民法院关于人民法院审理借贷案件的若干意见》第十三条:"在借贷关系中,仅起联系、介绍作用的人,不承担保证责任。对债务的履行确有保证意思表示的,应认定为保证人,承担保证责任。"

68.房屋租赁合同中，租赁期限的长短有限制吗？

案例：2000年1月18日，刘某将位于某镇的房屋租给王某，双方签订《房屋租赁协议》，约定：租期46年，租金共46000元，由王某一次性支付。2012年1月，王某将房屋全部转租给他人，期限至2046年1月18日。2013年，刘某以与王某的协议违反合同法租期规定属合同无效为由诉至法院，要求确认协议无效，返还房屋，双方发生纠纷。

律师分析：本案主要涉及房屋租赁期限问题。许多人都会认为，我将自己房屋出租，多少年期限任由双方商定，这是错误观点。法律规定租赁期限最长不得超过20年。这样规定目的是为了用于区分买卖和租赁，避免以长期租赁的形式替代买卖而规避某些适用买卖的法律强制性规定，比如纳税、产权登记、限购等。具体本案，约定租期46年不合法，超过20年的部分无效。即刘某与王某签订的房屋协议关于租赁期限从2000年1月19日至2020年1月18日的部分有效，自2020年1月19日以后的部分期限无效。

法律依据：《中华人民共和国合同法》第二百一十四条："租赁期限不得超过二十年。超过二十年的，超过部分无效。租赁期间届满，当事人可以续订租赁合同，但约定的租赁期限自续订之日起不得超过二十年。"

69.承租人转租必须要征得出租人同意吗？

案例：2006年1月1日，萧某与陈某签订《房屋租赁协议》，租用陈某房屋，约定：租赁期限15年，租金前三年每月1500元，三年后每年递增3%，按月支付。2009年1月1日，萧某将房屋以租金每月2000元转租给刘某某，签订《房屋转租协议》，约定租赁期限12年，租金直接交给萧某。2011年，陈某察觉转租，诉至法院，请求确认转租协议无效，并解除原出租协议，收回房屋。萧某和刘某某均认为原《房屋租赁协议》并没有规定不得转租,也没约定转租可以解除协议,坚持《房屋租赁协议》和《房屋转租协议》都有效。为此,陈某与萧某、刘某某发生纠纷。

律师分析:转租房屋行为普遍存在,纠纷也较多。根据法律规定,承租人将租赁物转租应征得出租人同意,这是法律的明确规定,无须合同特别注明。承租人一旦违反,出租人依法有权解除租赁合同。本案承租人萧某未经出租人陈某同意,将自己租用的房屋转租给刘某某,陈某提出该转租无效成立。出租人陈某并可以据此解除原租赁协议。

法律依据:《中华人民共和国合同法》第二百二十四条:"承租人经出租人同意,可以将租赁物转租给第三人。承租人转租的,承租人与出租人之间的租赁合同继续有效,第三人对租赁物造成损失的,承租人应当赔偿损失。承租人未经出租人同意转租的,出租人可以解除合同。"

70. 购买了质量有问题的种子,该如何索赔?

案例:2012 年 2 月,农民徐某某与该市农资公司签订合同,购买某品牌稻种 150 公斤。种子说明书载明该稻种近年在适宜地区一般亩产 650~700 公斤,高产可达 800 公斤。结果徐某某播种后水稻却少结穗甚至不结穗,造成大面积减产或绝产。经技术部门鉴定,该批种子为假冒品牌的稻种,理论单产仅有 300 公斤。后徐某某起诉该市农资公司,诉求按照每亩 500 公斤产量、每公斤 2.6 元的标准赔偿。法院依法判决徐某某胜诉。

律师分析:农民在购买种子时,除有关购买合同,还应索取及保留好相关购买付款发票和产品说明等资料,一旦因购买到假的种子造成损失,要及时报案,并保留和取得相关证据。追讨损失时,可以先与销售者协商赔偿,协商无果的,可向法院起诉出售种子的经营者承担赔偿责任。

法律依据:《中华人民共和国种子法》第四十一条:"种子使用者因种子质量问题遭受损失的,出售种子的经营者应当予以赔偿,赔偿额包括购种价款、有关费用和可得利益损失。"

71.向没有种子销售许可证的销售者购买种子，对造成的损失购买者有责任吗？

案例：2012年10月1日，某村民小组的20户村民为种植胡萝卜，向不具有经营种子资格的某五金商店购买廉价种子。2013年3月2日至3月21日，胡萝卜苗出苗率只有10%。村民反映给某五金商店，该门市部遂免费再给村民种子，但种植下的种子生长率仍然不到10%。经鉴定，种子质量低劣。遂起诉某五金商店，对于村民损失的责任分担，法院判决某五金商店承担主要责任，某村村民承担次要责任。

律师分析：某五金商店不具有经营种子的资格，其提供的种子质劣，应负损失主要责任，某村村民向明知没有经营种子资格的某五金商店购买种子，对损失的造成也有过错，负次要责任。

法律依据：《中华人民共和国种子法》第二十六条规定："种子经营实行许可制度。种子经营者必须先取得种子经营许可证后，方可凭种子经营许可证向工商行政管理机关申请办理或者变更营业执照。"

《中华人民共和国民法通则》第一百三十一条："受害人对于损害的发生也有过错的，可以减轻侵害人的民事责任。"

72.购买了假农药造成损失怎么办？

案例：农民肖某向A市农药经销部购买了某品牌除草剂20袋，即喷施在其承包的8亩稻田里。过两天到稻田查看时，发现稻苗枯萎发黄，几日过后便逐渐枯死。肖某即向A市农业行政执法大队报案，经委托市农业事故鉴定委员会对肖某的稻苗枯死的原因进行调查鉴定，后由A市农业技术推广中心和A市农业事故鉴定委员会做出的鉴定意见书，认定肖某种植的8亩稻苗枯死的主要原因是使用了某品牌除草剂产生的药害。经鉴定，本案某品牌除草剂属于假农药。后肖某向A市法院起诉，把农药经销部告上法庭，请求法院判令陈某赔偿损失。法院判决肖某胜诉。

律师分析：本案是一起因销售假农药而引起的民事赔偿纠纷案件。根据法律法规的相关规定，结合本案案情，只要能够证明本案某品牌农药产品是农药经销部售出的商品，该农药经销部就应当对该批农药产品承担法律责任。承担因出售的商品质量不合格而给肖某造成经济损失的民事责任；同时也应当承担销售不合格产品的行政责任；如果构成犯罪的，还应当追究其刑事责任。

法律依据：《农药管理条例》第三十一条："禁止生产、经营和使用假农药。"第三十二条："禁止生产、经营和使用劣质农药。"第四十三条："生产、经营假农药、劣质农药的，依照刑法关于生产、销售伪劣产品罪或者生产、销售伪劣农药罪的规定，依法追究刑事责任；尚不够刑事处罚的，由农业行政主管部门或者法律、行政法规规定的其他有关部门没收假农药、劣质农药和违法所得，并处违法所得1倍以上10倍以下的罚款；没有违法所得的，并处10万元以下的罚款；情节严重的，由农业行政主管部门吊销农药登记证或者农药临时登记证，由工业产品许可管理部门吊销农药生产许可证或者农药生产批准文件。"

73.在饭店就餐时被扎伤，消费者能否获得店家的赔偿？

案例：2012年1月2日，董某在饭店就餐，在用餐过程中，夹起一片牛肉放到嘴里吃，顿感嘴里如同针扎般的刺痛，而且嘴里冒出一股腥味，董某赶紧将嘴里的东西吐出来，这才发现一颗锈迹斑斑的大头钉裹在牛肉里，自己的牙肉已被大头钉扎烂且流血。为了就医，董某共花费治疗费、交通费等2200元。饭店对董某在本饭店内受伤的事实不予否认，但认为牛肉是市场买来，大头丁是裹在肉内的，做菜时没发觉，责任与饭店无关。

律师分析：消费者享有安全保障权的权利，一旦经营者提供的服务危害了消费者的人身安全权和财产安全权，消费者有权获得赔偿的权利。本案，董某到饭店就餐，董某属于接受服务方，饭店在提供服务过程中导致董某受伤,依法应承担赔偿责任。

法律依据:《中华人民共和国消费者权益保护法》第七条:"消费者在购买、使用商品和接受服务时享有人身、财产安全不受损害的权利。消费者有权要求经营者提供的商品和服务,符合保障人身、财产安全的要求。"第十一条:"消费者因购买、使用商品或者接受服务受到人身、财产损害的,享有依法获得赔偿的权利。"第十八条第一款:"经营者应当保证其提供的商品或者服务符合保障人身、财产安全的要求。对可能危及人身、财产安全的商品和服务,应当向消费者做出真实的说明和明确的警示,并说明和标明正确使用商品或者接受服务的方法以及防止危害发生的方法。"

第八章

行政管理

74. 为集体道路建设使用，可以直接到河道里采砂吗？

案例：某村民小组村场位于某河流域旁，因修建村道，需要大量河砂。为节省资金，村民小组长便组织村民到村场附近的河道内采砂。后被有关水政部门发觉并予制止。村民不解：所采河砂是在本村场附近的河道，采河砂为集体道路建设使用，不是经营性质，为何不可以直接采砂呢？

律师分析：河砂属于国家所有，国家对河砂的开采实行许可制度。个人家庭生活年自用砂量少于50立方米需到河道可采区采砂的，免办河道采砂许可证，但采挖的河砂不得销售经营。本案某村民小组村民未经批准采砂，且采砂数量巨大，属于违法行为。

法律依据：《中华人民共和国河道管理条例》第二十五条："在河道管理范围内进行下列活动，必须报经河道主管机关批准；涉及其他部门的，由河道主管机关会同有关部门批准：（一）采砂、取土、淘金、弃置砂石或者淤泥。"

《广东省河道采砂管理条例》第四条："河砂属于国家所有，任何组织和个人不得非法采砂。河道采砂应当保障防洪、供水安全，保护生态环境，实行计划开采，总量控制。"第九条第一款："河道采砂实行许可制度。河道采砂由市、县（区）人民政府水行政主管部门分级许可并发放许可证。其他任何部门和单位不得办理河道采砂许可和发证手续。”第三款:“个人家庭生活年自用砂量少于五十立方米需到河道可采区采砂的,免办河道采砂许可证,但采挖的河砂不得销售经营。”

75.在河道采砂每日采砂时间有限制吗?

案例:某采砂场为了效益,全天24小时不停抽砂、采砂。机械声音影响了附近村民的正常休息。村民便投诉有关部门要求处理,提出只能在白天采砂。那么采砂时间有限制吗?

律师分析:砂场的这种行为是违反规定的,应予制止。按规定每日的19时至次日7时是禁止采砂作业的。某采砂场全天24小时不停采砂作业是违法的。

法律依据:《广东省河道采砂管理条例》第十八条第(三)项:“不得在每天19时至次日7时禁止采砂作业的时段从事采砂作业。”

76.因土地使用权纠纷,是申请政府处理还是直接起诉到法院?

案例:甲与乙是同村村民,位于村中各有一块土地,彼此土地东西界址接壤,但没有作固定地界标志;双方也没有领取到承包土地证书,亦没有具体面积依据。在20世纪90年代初,双方外出,都只是随意在该土地上种植几颗龙眼树。2009年,甲在认为自己部分的土地上种植沉香树时,遭到乙的异议,认为甲的种植已经过界,多占用了其土地2分面积。由于原地界已经无法辨认,双方各持己见,发生纠纷。经村委会调解无果。纠纷应向法院起诉还是先由政府裁决?

律师分析:本案是因土地使用权的权属发生的争议。根据我国土地管理法,土地所有权和使用权争议,由当事人协商解决;协商不成的,由人民政府处理。本案争议双方应积极通过协商解决,协商不成的,甲或乙均可以向镇人民政府或县人民政府申请处理。争议双方的当事人如果对人民政府的处理决定不服,才可以向人民法院起诉。

法律依据:《中华人民共和国土地管理法》第十六条:“土地所有权和使用权争议,由当事人协商解决;协商不成的,由人民政府处理。单位之间的争议,由县级以上人民政府处理;个人之间、个人与单位之间的争议,由乡级人民政府或者县级以上人民政府处理。当事人对有关人民政府的处理决定不服的,可以自接到处理决定通知之日起三十日内,向人民法院起诉。”

77.可以在临时使用的土地上建筑楼房吗?

案例:张某在某市筹建养鸡场,因建设需要,经批准临时使用靠近某国道的一块国有土地,搭建临时建筑用于施工指挥部使用,期限 2 年。在使用了 3 个月后,张某认为该临时使用地交通便利,有商业价值,决定在该处建筑钢筋混凝土结构楼房两层,在其建设好第一层时被举报,某市国土资源局进行了查处,做出处理决定,责令其 1 个月内拆除该违法建筑。张某则认为土地已经过批准可以使用,可补办建房手续或作罚款处理即可,拒不拆除。后市国土资源局据生效的行政处罚决定申请市人民法院对该违法建筑予以强制拆除。

律师分析:临时建设用地是指因建设项目施工和地质勘查等需要临时使用国有土地或者集体土地。其与一般建设用地相比,用地时间短(一般 2 年),审批手续相对简便。但土地管理法对临时建设用地作了不得修建永久性建筑的规定。案例中,张某在该处建筑钢筋混凝土结构楼房,属于修建永久性建筑。国土管理部门的处理及法院依法拆除是正确的。

法律依据:《中华人民共和国土地管理法》第五十七条第二款:“临时使用土地的使用者应当按照临时使用土地合同约定的用途使用土地,并不得修建永久性建筑物。”

《中华人民共和国土地管理法实施条例》第三十五条:“在临

时使用的土地上修建永久性建筑物、构筑物的，由县级以上人民政府土地行政主管部门责令限期拆除；逾期不拆除的，由做出处罚决定的机关依法申请人民法院强制执行。”

78.未成年人违反治安管理的，会不会受到治安管理处罚？

案例：赵某是15周岁的高中生，暑假期间一天，同社会上的小混混结伙与某厂的工人打群架，在打斗中个个都“挂彩”受轻微伤。后均被警察带回公安派出所处理。赵某认为自己未满18周岁，是未成年人，不应受到处罚。但结果赵某被处予5日的拘留处罚。

律师分析：赵某已满14周岁，其行为应受到治安管理处罚，只不过因其未满18周岁，应从轻或减轻处罚。对未成年人，父母或其监护人应加强管束和教育。

法律依据：《中华人民共和国治安管理处罚法》第十二条：“已满十四周岁不满十八周岁的人违反治安管理的，从轻或者减轻处罚；不满十四周岁的人违反治安管理的，不予处罚，但是应当责令其监护人严加管教。”

79.醉酒的人违反治安管理，是否可以免除治安管理处罚？

案例：一天，周某与朋友在某饭店吃饭并喝多了，在服务员上菜时，周某醉态并碰到孙某，自己的酒杯随跌地摔破，众人大笑。周某当即发火，要求服务员跪地道歉。服务员不从，周某即对服务员进行殴打，导致服务员多处受伤(轻微伤)。周某被警察带回派出所处理，被处予7天拘留及罚款300元。周某不服，认为当时自己已经喝醉，不能控制，醉酒是不受处罚的。

律师分析：依照《中华人民共和国治安管理处罚法》的相关规定，醉酒的人违反治安管理的，应当给予处罚。本案周某醉酒伤人，应受到拘留和罚款的处理，醉酒不是免予处罚的理由。

法律依据:《中华人民共和国治安管理处罚法》第十五条:“醉酒的人违反治安管理的,应当给予处罚。”第四十三条:“殴打他人的,或者故意伤害他人身体的,处五日以上十日以下拘留,并处二百元以上五百元以下罚款;情节较轻的,处五日以下拘留或者五百元以下罚款。”

80.不满选举,强行撕毁投票箱及部分选票的行为如何处理?

案例:2014 年 3 月 2 日上午 9 时 30 分许,某村小组在村举行村民代表推选。正当推选工作依照法定程序进行时,参选人林某的妻子蓝某自认为推选不公平,与工作人员发生口角。随后,蓝某冲上选举台,强行撕毁投票箱及部分选票,致使推选工作被迫中断,破坏了投票选举的工作秩序。事发后,蓝某主动认识到自己的错误,遂到派出所投案自首。通过调查摸清案情后,警方根据《中华人民共和国治安管理处罚法》有关规定,给予蓝某行政拘留 3 天的处罚。

律师分析:蓝某的行为尚未构成犯罪,但违反《中华人民共和国治安管理处罚法》,依法可以处五日以上十日以下拘留,可以并处五百元以下罚款。如果是聚众实施破坏依法进行的选举秩序的,对首要分子处十日以上十五日以下拘留,可以并处一千元以下罚款。

法律依据:《中华人民共和国治安管理处罚法》第二十三条第一款第(五)项:“有下列行为之一的,处警告或者二百元以下罚款;情节较重的,处五日以上十日以下拘留,可以并处五百元以下罚款:(五)破坏依法进行的选举秩序的。”第二款:“聚众实施前款行为的,对首要分子处十日以上十五日以下拘留,可以并处一千元以下罚款。”

81.虐待家庭成员的行为会受到治安管理处罚吗?

案例:严某(女)年老,丈夫去世,与儿子及儿媳妇生活一起,由于婆媳关系紧张，严某与儿子、儿媳妇的关系恶化。儿子及儿媳妇经常不给严某饭吃，有时候还对严某拳脚相加，村委会多次上门调解都没有效果。一次，在冬天，其儿子及儿媳妇以洗被子为由，拿走棉被，严某整夜受冷至感冒。严某无奈报警处理，随后，公安机关对严某儿子及儿媳妇均做出了5日拘留的治安管理处罚。严某儿子及儿媳妇认为这是家事，不应受到处罚。那么，法律对此是如何规定的呢？

律师分析：依照《中华人民共和国治安管理处罚法》的相关规定，虐待家庭成员，被虐待人要求处理的，处五日以下拘留或警告。本案严某受虐待报警处理，公安机关根据具体情况，给予5日拘留的治安管理处罚是合法的。

法律依据：《中华人民共和国治安管理处罚法》第四十五条："有下列行为之一的，处五日以下拘留或者警告：（一）虐待家庭成员，被虐待人要求处理的；（二）遗弃没有独立生活能力的被扶养人的。"

第九章

刑事部分

82.已满14周岁未满16周岁的人犯哪些罪应当负刑事责任?

案例:某村蓝某,2012年5月3日才满15周岁,父母外出务工,跟随祖父母在农村,读完初中二年级便不再读书。2012年8月21日晚上11点,伙同与其在网吧认识的张某(20周岁)、程某(19周岁),持水管及刀具,在某国道某路段,对过往路人进行抢劫,采取暴力抢到肖某男装摩托车一台(价值2300元)、手机一部及现金500元。2012年8月30日,3人以同样手段在某一级公路路段抢劫到刘某女装摩托车一台,手机一部,并打伤刘某(轻伤)。2012年12月9日,当3人在某路段企图再实施抢劫时,被民警当场抓获,并追回被抢的摩托车。法院开庭时,蓝某的父母认为蓝某才15岁,应该不受追究。结果:法院判决:蓝某犯抢劫罪,判处有期徒刑2年6个月,并判处罚金3000元;张某及程某则被判处有期徒刑4年,并处罚金5000元。

律师分析:蓝某的父母的观点是错误的。蓝某在作案时虽然未满16周岁,但已满14周岁,其所犯的是抢劫罪,依法应负刑事责任。刑法规定:已满十四周岁不满十六周岁的人,犯故意杀人、故意伤害致人重伤或者死亡、强奸、抢劫、贩卖毒品、放火、爆炸、投毒罪的,应当负刑事责任。蓝某因未成年才获得2年6个月的轻判。

法律依据:《中华人民共和国刑法》第十七条:"已满十六周岁的人犯罪,应当负刑事责任。已满十四周岁不满十六周岁的人,犯故意杀人、故意伤害致人重伤或者死亡、强奸、抢劫、贩卖毒品、放火、爆炸、投毒罪的,应当负刑事责任。已满十四周岁不满十八周岁的人犯罪,应当从轻或者减轻处罚。"

第二百六十三条:"以暴力、胁迫或者其他方法抢劫公私财物的,处三年以上十年以下有期徒刑,并处罚金;有下列情形之一的,处十年以上有期徒刑、无期徒刑或者死刑,并处罚金或者没收财产:(一)入户抢劫的;(二)在公共交通工具上抢劫的;(三)抢劫银行或者其他金融机构的;(四)多次抢劫或者抢劫数额巨大的;(五)抢劫致人重伤、死亡的;(六)冒充军警人员抢劫的;(七)持枪抢劫的;(八)抢劫军用物资或者抢险、救灾、救济物资的。"

83.什么是交通肇事罪?

案例:2008年8月某天8时许,赵某驾驶自己的小客车外出,路上左转弯路段时,将正从右往左横穿马路的冯生撞倒,致其受伤。事发后,赵某积极实施抢救并主动向当地公安局报了案。而冯生被送往医院抢救无效死亡。经公安机关交通管理部门鉴定,在此次事故中,赵某负主要责任,冯生负次要责任。

后赵某被起诉,法院以交通肇事罪判处赵某有期徒刑2年。

律师分析:交通肇事罪是指违反交通运输管理法规,因而发生重大交通事故,致人重伤、死亡或者使公私财产遭受重大损失的行为。本罪:主观上只能是过失;客观方面表现为违反交通运输管理法规,因而发生重大交通事故,致人重伤、死亡或者使公私财产遭受重大损失的行为。未造成重大交通事故的,一般不能认定为交通肇事罪;行为人主观上不是过失,而是由于不可抗力引起的交通事故,则不能认定为交通肇事罪。本案赵某违反交通运输管理法规,致被害人冯生死亡,赵某在此次事故中负主要责任,其行为符合交通肇事罪的犯罪构成,构成交通肇事罪。因其不存在逃逸或者其他特别恶劣情节,对其处以2年以下有期徒刑是适当的。

法律依据：《中华人民共和国刑法》第一百三十三条规定："违反交通运输管理法规，因而发生重大事故，致人重伤、死亡或者使公私财产遭受重大损失的，处三年以下有期徒刑或者拘役；交通运输肇事后逃逸或者有其他特别恶劣情节的，处三年以上七年以下有期徒刑；因逃逸致人死亡的，处七年以上有期徒刑。"

84.只打了被害人一巴掌，也构成故意伤害罪而须入狱？

案例：刘某因孙某曾经嘲笑他而怀恨在心，并伺机报复孙某，刘某在一次吃宵夜时，把事情和想法与朋友黄某某、曾某某、莫某三人商量，三人都赞同刘某"教训孙某"的提议。一天，刘某持刀伙同黄某某、曾某某、莫某到孙某家找孙某进行报复，黄某某将孙某从家里拉出到门前空地，众人对孙某进行围殴，莫某只打了一巴掌孙某脸部，刘某在黄某某、曾某某将孙某打倒在地后，持刀将孙某刺成重伤。后四人逃离现场。案破后，刘某、黄某某、曾某某和莫某均被起诉到法院。莫某在接受审判时认为自己只打了孙某一巴掌，没有用刀刺伤孙某，孙某重伤是因为被刘某用刀刺伤造成，与自己无关，故自己的行为不构成犯罪。法院最终根据案情及各被告犯罪情节，以故意伤害罪分别判处刘某有期徒刑7年；黄某某被判有期徒刑6年，曾某某被判有期徒刑5年，莫某被判有期徒刑3年。

律师分析：莫某与刘某、黄某某、曾某某事前有商量伤害孙某，主观上具有伤害孙某的故意；客观上莫某伙同一起到现场找孙某并参与伤害孙某，依法构成故意伤害共同犯，其在共犯罪中的作用和地位是次要的，是从犯，依法从轻处理。

法律依据：《中华人民共和国刑法》第二十五条："共同犯罪是指二人以上共同故意犯罪。二人以上共同过失犯罪，不以共同犯罪论处；应当负刑事责任的，按照他们所犯的罪分别处罚。"第二十七条:“在共同犯罪中起次要或者辅助作用的,是从犯。对于从犯,应当从轻、减轻处罚或者免除处罚。”第二百三十四条:“故意伤害他人身体的,处三年以下有期徒刑、拘役或者管制。犯前款罪,致人重伤的,处三年以上十年以下有期徒刑;致人死亡或者以特别残忍手段致人重伤造成严重残疾的,处十年以上有期徒刑、无期徒刑或者死刑。本法另有规定的,依照规定。”

85. 村民小组组长、村民代表能否构成贪污罪的主体?

案例:2007 年 1 月至 2008 年 8 月,冯某(村民小组长)、宾某(村民小组长)、严某(村民代表)、覃某(村民代表)经村民推荐,并经镇人民政府同意,协助镇人民政府与县征地拆迁办公室从事建设一段二级公路的征地工作。2008 年 1 月 31 日,冯某、宾某、严某、覃某共同合谋,自制了一份“会议决定”,并呈报村委会、镇人民政府、县征地拆迁办公室,要求将被征用的所涉三个村小组集体所有的 6.665 亩的土地补偿款由严某开户保管。经相关部门审查、同意,2008 年 6 月 11 日,县征地拆迁办公室将该地块的土地补偿款人民币 85658.58 元打进了严某的账户中。2008 年 6 月 12 日、13 日,冯某、宾某、严某、覃某在未告知村民的情况下,合谋分两次将该笔集体的土地补偿款领出分掉,四人每人分得人民币 20000 元,余下的 5658.58 元,四人共同吃用花光。后案发,冯某、宾某、严某、覃某均被法院以犯贪污罪判处有期徒刑五年。

律师分析:本案有三点事实:(1)国家建设公路征用集体土地,按照该村征地补偿程序,该土地补偿费应直接发放给村民。冯某、宾某作为村民小组长,从征地拆迁办签字代领了该征地补偿款,本应该按照国家的规定管理和发放给村民,其职责是在协助人民政府进行行政管理工作,属于其他依照法律从事公务的人员,应以国家工作人员论,故冯某、宾某可以成为贪污罪的适格主体,而根据共犯的基本理论,凡无身份者参与真正身份犯的实行行为的,可以与有身份者构成共同实行犯,故严某、覃某亦具备贪污罪的主体资格。(2)四人所侵吞的征地补偿款按规定本是应分发放给三个村的村民，而四人作为村民小组长、村民代表，其代表村民接受了该土地补偿款，该款未被分配前其性质应为公共财产。(3)四人主观上为掩盖非法占有的事实，四人另制作了假账，由此可见，四人具有贪污的主观故意，有贪污的事实，构成贪污罪。

法律依据：《中华人民共和国刑法》第三百八十二条："国家工作人员利用职务上的便利，侵吞、窃取、骗取或者以其他手段非法占有公共财物的，是贪污罪。

受国家机关、国有公司、企业、事业单位、人民团体委托管理、经营国有财产的人员，利用职务上的便利，侵吞、窃取、骗取或者以其他手段非法占有国有财物的，以贪污论。

与前两款所列人员勾结，伙同贪污的，以共犯论处。"

《全国人民代表大会常务委员会关于〈中华人民共和国刑法〉第九十三条第二款的解释》规定："村民委员会成员协助人民政府从事'土地征用补偿费用的管理工作'的以国家工作人员论。"

86.村民小组组长将本村集体款项据为己有的行为构成犯罪吗？

案例：刘某是某村村民小组组长。2010年6月份，刘某利用其担任村民组长的职务便利，将收取的该组机动地承包款28000元不入账，除为村民小组支付打井款1000元外，余款27000元，占为己有。后村民控告，刘某被以职务侵占罪判刑坐牢。

律师分析：刘某利用其担任村民小组组长的职务便利，将该组机动地承包款（村民小组集体财产）27000元非法占为己有的行为已构成职务侵占罪。

法律依据：《中华人民共和国刑法》第二百七十一条："公司、企业或者其他单位的人员，利用职务上的便利，将本单位财物非法占为己有，数额较大的，处五年以下有期徒刑或者拘役；数额巨大的，处五年以上有期徒刑，可以并处没收财产。"

《最高人民法院关于村民小组组长利用职务便利非法占有公共财物行为如何定性问题的批复》规定:“对村民小组组长租用职务上的便利,将村民小组集体财产非法占为己有,数额较大的行为,应当依照刑法第二百七十一条第一款的规定,以职务侵占罪处罚。”

87.开办地下六合彩是否构成犯罪?

案例:2008 年 4 月份,某村村民施某,联系某地的庄家汪某。两人经密谋后,由施某在村中接受投注,招揽赌客购买香港地下“六合彩”号码进行赌博。施某收到赌资后通过银行汇至汪某的账户,施某从赌资中按 8%抽头渔利。其间,施某招揽赌客多人,赌资金额 70000 余元。宋某人从中获利 5000 余元。后施某被查获。法院认定其行为构成开设赌场罪,判处施某有期徒刑二年。

律师分析:“开设赌场”,是指以营利为目的,营业性地为赌博提供场所、设定赌博方式、提供赌具、筹码、资金等组织赌博的行为。本案施某充当地下“六合彩”赌博的代理,招揽赌客,接受投注,从中抽头渔利,其行为构成开设赌场罪。

法律依据:《中华人民共和国刑法》第三百零三条:“以营利为目的,聚众赌博或者以赌博为业的,处三年以下有期徒刑、拘役或者管制,并处罚金。开设赌场的,处三年以下有期徒刑、拘役或者管制,并处罚金;情节严重的,处三年以上十年以下有期徒刑,并处罚金。”

《最高人民法院、最高人民检察院关于办理赌博刑事案件具体应用法律若干问题的解释》第二条:“以营利为目的,在计算机网络上建立赌博网站,或者为赌博网站担任代理,接受投注的,属于刑法第三百零三条规定的‘开设赌场’。”

88.打碎汽车玻璃等行为构成故意毁坏财物罪?

案例:车某与林某因口角积怨。一天,车某伺机将林某停放在广东省某市市区路边的高档小汽车挡风玻璃、车灯及后视镜砸碎。经鉴定，损失33000元。案发后，根据案情，车某被以故意毁坏财物罪判处有期徒刑2年。

律师分析：故意毁坏财物罪，是指故意毁灭或者损坏公私财物，数额较大或者有其他严重情节的行为。本罪的主体是一般主体，凡达到刑事责任年龄且具备刑事责任能力的自然人均能构成。故意毁坏财物罪中的犯罪行为人通常出于对财物所有人的打击报复、嫉妒心理或其他类似有针对性的心理态度，毁坏财物使所有人的财产受到损失是其犯罪的目的。本案车某故意毁坏林某的财物损失33000元，根据有关司法解释，属于犯罪数额较大，故构成故意毁坏财物罪。

法律依据：《中华人民共和国刑法》第二百七十五条："故意毁坏公私财物，数额较大或者有其他严重情节的，处三年以下有期徒刑、拘役或者罚金；数额巨大或者有其他特别严重情节的，处三年以上七年以下有期徒刑。"

89. 因故发生争吵，继而引起厮打，诱发被害人冠心病猝发而亡，是否构成刑事犯罪？

案例：2010年7月11日早上5时许，村民朱某某（被害人）到村边杨某的超市买烟，因故与杨某发生争吵，继而引起厮打，被人拉开后，二人继续吵骂时朱某某倒地身亡。经法医鉴定朱某某系冠心病突发而猝死，与他人发生争吵和厮打而引起的情绪激动为其死亡诱因。后杨某与朱某某家属达成赔偿协议，并获得谅解。法院终以过失致人死亡罪判处杨某有期徒刑3年。

律师分析：过失致人死亡罪，是指由于普通过失致人死亡的行为。过失致人死亡罪必须是过失，即应当预见自己的行为可能发生他人死亡的危害结果，因为疏忽大意而没有预见，或者已经预见而轻信能够避免，以致发生他人死亡的危害结果。客观上必须实施了致人死亡的行为，并且已经造成死亡结果，行为与死亡结果之间必须存在因果关系。本案中，杨某在与朱某某殴打过程中，均是赤手空拳。杨某并不知道朱某某有心脏病，认识不到其行为能造成被害人死亡的严重后果，其不具备故意伤害罪的主观要件。但是，杨某在与朱某某殴打过程中应当预见殴打他人可能造成的某种危害结果而没有预见到，在主观方面属于疏忽大意的过失，其行为构成过失致人死亡罪。

法律依据：《中华人民共和国刑法》第二百三十三条："过失致人死亡的，处三年以上七年以下有期徒刑；情节较轻的，处三年以下有期徒刑。本法另有规定的，依照规定。"

90. 聚众冲击国家机关，构成犯罪的应该如何处罚？

案例：2008 年 1 月 3 日上午 8 时许，宋某某及刘某某带领村民 100 余人来到市人民法院，要求参加其兄刘某强奸案的庭审。宋某某作为辩护人，身披写有"冤"字的白布，同来的亲友胸前贴有"冤"字，村民举着写有"为刘某冤案昭雪"等字样的白布条幅，法院大门上也贴着写有"冤"字的白纸，围堵在法院的大门前。上午 9 时许，当刘某被法警羁押到法院时，宋某某、刘某某与同来的村民涌入法院院内，要求参加刘某强奸案的庭审，同时在院内大吵大闹。宋某某、刘某某等人对该案的公诉人及被害人进行围堵谩骂，并对审判庭室的门窗及安全检测门进行打砸并损毁，致使该案件无法开庭。经过多次劝解宋某某、刘某某及村民才走出法院大门。随后村民又将法院大门前的道路围堵，致使车辆不能正常通行，人民法院的工作无法正常进行。聚众围堵状况持续 3 个小时左右。后来，公诉机关以聚众冲击国家机关罪追究宋某某及刘某某的刑事责任。最终，宋某某、刘某某被以聚众冲击国家机关罪定罪处罚。

律师分析：聚众冲击国家机关罪，是指组织、策划、指挥或者积极参加聚众强行侵入国家机关的活动，致使国家机关工作无法进行，造成严重损失的行为。本案例宋某某、刘某某与多人围堵法院大门和门前道路，涌入法院院内大吵大闹，造成法院长时间无法正常工作，严重影响了审判机关的工作秩序，造成严重损失，属于积极参加者，其行为已构成聚众冲击国家机关罪。

法律依据：《中华人民共和国刑法》第二百九十条第二款："聚众冲击国家机关，致使国家机关工作无法进行，造成严重损失的，对首要分子，处五年以上十年以下有期徒刑；对其他积极参加的，处五年以下有期徒刑、拘役、管制或者剥夺政治权利。"

《中华人民共和国集会游行示威法》第二十九条第四款："包围、冲击国家机关，致使国家机关的公务活动或者国事活动不能正常进行的，对集会、游行、示威的负责人和直接责任人员依照刑法第一百五十八条的规定追究刑事责任。"（注：《中华人民共和国刑法》修改后依照第二百九十条的规定追究刑事责任。）

91.通过做假冒领数额较大的征地款构成什么犯罪？

案例：2011年5月份，因建设高速公路，某村在征地拆迁范围之内。按照相关政策，附近村民们的田地、建筑物以及祖坟都有相应的补偿款。因沿途涉及多座坟墓要搬迁。当地工作人员根据情况以公告的形式发出迁坟公告，告之涉及墓主的当事人前来认领。公告发出后，沿途的古坟新墓都陆续有人前往相认，唯独一个在村地里的一处老坟地一直没人来认。张某、冯某、李某等人看见该坟地无人认领，也无人前来上过坟，便起了邪念，为骗取公路征地拆迁款，随后，找到在当地打工的外地人陈某，由其向村委声称该地里的这处老坟是自家的坟地。

2011年6月7日，张某、冯某、李某伙同陈某根据事先的预谋，来到该村，将该处无人认领的他人祖先的老坟挖开。他们共挖了5个坟头9具尸骨，其中四个每坟两棺、一个每坟一棺，结果骗取每坟一棺2000元、每坟两棺2500元，共计12000元的征地赔款。后因坟主贾某及时发现并报警。张某等骗取征地款案告破。结果，张某、冯某、李某等均被法院分别以诈骗罪判处徒刑和罚金。

律师分析:诈骗罪,是指以非法占有为目的,使用虚构事实或者隐瞒真相的方法,骗取数额较大的公私财物的行为。张某、冯某、李某以非法占有征地补偿款为目的,采用虚构事实的方法冒领了征地补偿款,数额较大,其行为均已构成诈骗罪。

法律依据:《中华人民共和国刑法》第二百六十六条:“诈骗公私财物,数额较大的,处三年以下有期徒刑、拘役或者管制,并处或者单处罚金;数额巨大或者有其他严重情节的,处三年以上十年以下有期徒刑,并处罚金;数额特别巨大或者有其他特别严重情节的,处十年以上有期徒刑或者无期徒刑,并处罚金或者没收财产。本法另有规定的,依照规定。”

92. 妨碍公务依法应负什么刑事责任?

案例:2010 年 10 月 25 日 10 时 23 分许,赵某某与某百货商场几十名业主到某街道办事处门口集体上访,在公安民警仇某、朱某某、许某某等人维持现场秩序过程中,赵某某带头对民警仇某挥拳殴打,造成现场秩序混乱,继而多名参与上访人员对维持秩序的警察和社保人员进行殴打,造成仇某、朱某某、许某某三名民警轻微伤,张某某、徐某某二名社保队员轻微伤的后果,并致使周边道路出现车行受阻、交通阻塞的情况。案发后,赵某某被以妨害公务罪追究刑事责任。

律师分析:妨害公务罪是指以暴力、威胁方法阻碍国家机关工作人员、人大代表依法执行职务,或者在自然灾害中和突发事件中,使用暴力、威胁方法阻碍红十字会工作人员依法履行职责,或故意阻碍国家安全机关、公安机关依法执行国家安全工作任务,虽未使用暴力,但造成严重后果的行为。赵某某结伙他人,使用暴力手段阻碍国家机关工作人员依法执行职务,其行为已构成妨害公务罪,应依法予以惩处。

法律依据:《中华人民共和国刑法》第二百七十七条:“以暴力、威胁方法阻碍国家机关工作人员依法执行职务的,处三年以下有期徒刑、拘役、管制或者罚金。

以暴力、威胁方法阻碍全国人民代表大会和地方各级人民代表大会代表依法执行代表职务的,依照前款的规定处罚。

在自然灾害和突发事件中,以暴力、威胁方法阻碍红十字会工作人员依法履行职责的,依照第一款的规定处罚。

故意阻碍国家安全机关、公安机关依法执行国家安全工作任务,未使用暴力、威胁方法,造成严重后果的,依照第一款的规定处罚。"

最高人民检察院《关于以暴力威胁方法阻碍事业编制人员依法执行行政执法职务是否可对侵害人以妨害公务罪论处的批复》:"对于以暴力、威胁方法阻碍国有事业单位人员依照法律、行政法规的规定执行行政执法职务的,或者以暴力、威胁方法阻碍国家机关中受委托从事行政执法活动的事业编制人员执行行政执法职务的,可以对侵害人以妨害公务罪追究刑事责任。"

93.在互联网上发布贬损、损害他人人格、名誉的信息会被追究刑事责任吗?

案例:某公司法定代表人韩某,2013年9月至10月期间,在网上发表多篇博客文章,诽谤同市女企业家程某,称程某雇凶暗杀男友,诽谤程某伪造国家机关公文、利用美色骗取高官批条子、与他人勾搭成姘头等等。韩某上述博客文章自发表后,网民阅读量累计达50余万人,网民评论性跟帖累计达1万余人次。

律师分析:本案韩某的行为已经构成诽谤罪。诽谤罪是指故意捏造并散布虚构的事实,足以贬损他人人格,破坏他人名誉,情节严重的行为。网络诽谤是指借助网络等现代传播信息手段,捏造、散布虚假事实,损害他人名誉的行为。本案是利用信息网络实施诽谤他人,情节严重,其行为已经构成诽谤罪。

法律依据:《中华人民共和国刑法》第二百四十六条:"以暴力或者其他方法公然侮辱他人或者捏造事实诽谤他人,情节严重的,处三年以下有期徒刑、拘役、管制或者剥夺政治权利。"

《最高人民法院、最高人民检察院关于办理利用信息网络实施诽谤等刑事案件适用法律若干问题的解释》第一条："具有下列情形之一的，应当认定为刑法第二百四十六条第一款规定的'捏造事实诽谤他人'：(一)捏造损害他人名誉的事实，在信息网络上散布，或者组织、指使人员在信息网络上散布的。"第二条："利用信息网络诽谤他人，具有下列情形之一的，应当认定为刑法第二百四十六条第一款规定的'情节严重'：(一)同一诽谤信息实际被点击、浏览次数达到五千次以上，或者被转发次数达到五百次以上的。"

94.什么是破坏选举罪？

案例：1994 年 8 月中旬，岑某某得知其所在镇将于同年 9 月 13 日选举镇长，即产生用贿赂镇人大代表的方法当选镇长的念头。尔后，岑某某串通纠集多人，密谋策划贿赂相关人大代表，让代表选举岑某某当镇长一事。后岑某某出钱 34500 元通过自己或他人代贿赂镇人大代表多人，并要求代表选举岑某某当镇长。选举结果是：47 名代表投票，镇长候选人岑某远得 23 票，岑某某得 15 票，无效票 7 票也写上"岑某某"姓名，弃权 2 票。由于岑某某的贿选行为，致使镇长选举无法依法进行。破案后，追缴回贿赂赃款 24700 元。某市人民法院于 1995 年 1 月 9 日，以破坏选举罪，判处岑某某有期徒刑二年。随案移送的赃款人民币 24700 元，予以没收，上缴国库。

律师分析：破坏选举罪，是指在选举各级人民代表大会代表和国家机关领导人员时，以暴力、威胁、欺骗、贿赂、伪造选举文件、虚报选举票数等手段破坏选举或者妨害选民和代表自由行使选举权和被选举权，情节严重的行为。被告人岑某某无视国家法律，违反选举法的规定，为了使自己能当选镇长，采取用金钱贿赂镇人大代表的非法手段破坏选举，妨害选民自由行使选举权和被选举权，造成该次选举无法选举产生镇长的严重后果，社会危害性大，其行为已构成《中华人民共和国刑法》规定的破坏选举罪。

法律依据:《中华人民共和国刑法》第二百五十六条:"在选举各级人民代表大会代表和国家机关领导人员时,以暴力、威胁、欺骗、贿赂、伪造选举文件、虚报选举票数等手段破坏选举或者妨害选民和代表自由行使选举权和被选举权,情节严重的,处三年以下有期徒刑、拘役或者剥夺政治权利。"

95.何为破坏广播电视设施、公用电信设施罪?

案例:2007年5月24日凌晨,陈某伙同龚某来到某镇两个村的交界处,由龚某望风,陈某用爬杆、钢锯等工具,盗割正在使用中的型号为HA200×0.2×0.4的通信电缆280米,造成148户电信用户通信中断24小时。案发后,陈某、龚某均被法院以破坏公用电信设施罪的罪名定罪判刑。

律师分析:破坏广播电视设施、公用电信设施罪,是指故意破坏正在使用中的广播电视设施、公用电信设施,危害公共安全的行为。这是一种以广播电视设施、公用电信设施为特定破坏对象的危害公共安全罪。本罪在客观方面表现为破坏广播电视设施、公用电信设施,足以危害公共安全的行为。破坏方法多种多样,如拆卸或毁坏广播电视设施、公用电信设施重要机件,砸毁机器设备,偷割电线,截断电缆,挖走电线杆,故意违反操作规程,使机器设备损坏,使广播、电视、电信通讯无法进行等。如果用放火、爆炸等危险方法破坏广播电视设施、公用电信设施,危害公共安全,则同时触犯本罪和放火罪(或爆炸罪)罪名,属于想象竞合犯。根据对想象竞合犯"从一重处断"的处理原则,应以放火罪或爆炸罪论处。本案例两名被告以非法占有为目的,盗割正在使用中的公用电信设施,危害公共安全,其行为已构成破坏公用电信设施罪。

法律依据:《中华人民共和国刑法》第一百二十四条第一款:"破坏广播电视设施、公用电信设施,危害公共安全的,处三年以上七年以下有期徒刑;造成严重后果的,处七年以上有期徒刑。"

第十章

关于律师的相关问题

96.什么人才可以称为律师?

根据《中华人民共和国律师法》第二条规定,律师"是指依法取得律师执业证书,接受委托或者指定,为当事人提供法律服务的执业人员。"

根据《中华人民共和国律师法》规定,律师执业应当取得律师资格和执业证书,也即只有取得这两种证书,才能称为律师。而律师资格和执业证书的取得是两个不同的过程。

首先,要取得律师资格,应当经过国家统一的司法考试。而参加司法考试的重要条件之一,必须是高等院校本科以上学历并且具有法律专业知识的人员,才可按规定报名参加司法考试。

其次,在通过司法考试取得法律职业资格证书之后,必须在律师事务所实习满一年,经考核合格才可以依法申请领取律师执业证,成为一名律师。除此之外的人,都不能称为律师,社会上有的人将帮人打官司的人都称为律师,是不正确的。

97.律师可以开展哪些业务?

根据《中华人民共和国律师法》第二十八条的规定,律师可以从事以下几项业务:

"(一)接受自然人、法人或者其他组织的委托,担任法律顾问;

(二)接受民事案件、行政案件当事人的委托,担任代理人,参加诉讼；

（三）接受刑事案件犯罪嫌疑人、被告人的委托或者依法接受法律援助机构的指派，担任辩护人，接受自诉案件自诉人、公诉案件被害人或者其近亲属的委托，担任代理人，参加诉讼；

（四）接受委托，代理各类诉讼案件的申诉；

（五）接受委托，参加调解、仲裁活动；

（六）接受委托，提供非诉讼法律服务；

（七）解答有关法律的询问、代写诉讼文书和有关法律事务的其他文书。”

98. 怎样办理聘请律师手续？

需要聘请律师的单位和个人，应该到律师事务所办理聘请律师手续，查证该律师事务所是否公示有律师事务所执业许可证，省物价局、省司法厅核准的《广东省律师事务所收费标准》等规定公示的上墙内容，以及查证律师执业证等证件。聘请律师手续包括签订代理合同、授权委托书，按照省物价局规定的律师收费标准缴交律师费用。没有律师执业证的人都不是律师，不能以律师名义办理案件，不能收取任何费用。如果广大人民群众发现其他人非法收取钱物为人打官司的，可以向当地司法局举报，当地司法局依据《中华人民共和国律师法》的规定予以处罚。

99. 怎样申请法律援助？

根据国务院《法律援助条例》第十条规定：“公民对下列需要代理的事项，因经济困难没有委托代理人的，可以向法律援助机构申请法律援助：（一）依法请求国家赔偿的；（二）请求给予社会保险待遇或者最低生活保障待遇的；（三）请求发给抚恤金、救济金的；（四）请求给付赡养费、抚养费、扶养费的；（五）请求支付劳动报酬的；（六）主张因见义勇为行为产生的民事权益的。”

符合法律援助条件的人申请法律援助，应提供以下资料：

（1）申请人的身份证明材料。

(2)所在村委会、镇政府(街道办)民政部门证实申请人生活困难的证明材料。

(3)申请事项的事实证明材料。

(4)市法律援助处要求提供的其他材料。

100. 一般公民是否可以有偿代理案件收取费用?

根据《中华人民共和国民事诉讼法》、《中华人民共和国律师法》的规定,一般公民不得有偿代理案件及经常性代理案件。

目前社会上存在一些冒充律师为群众打官司的法律骗子,他们开口闭口称其是某某律师,打着律师的招牌到处招摇撞骗,骗取群众的财物,是俗称的"黑讼棍",有的当事人请他们打官司是赔了夫人又折兵,花了钱财又输了官司,请广大群众提高警惕,谨防上当受骗。

附件：

1.中共广东省委办公厅　广东省人民政府办公厅印发《关于开展一村(社区)一法律顾问工作的意见》的通知

各地级以上市党委、人民政府，各县(市、区)党委、人民政府，省委各部委，省直各单位，省各人民团体，中直驻粤各单位：

《关于开展一村(社区)一法律顾问工作的意见》已经省委、省政府领导同志同意，现印发给你们，请结合实际认真贯彻执行。

中共广东省委办公厅
广东省人民政府办公厅
2014年5月5日

关于开展一村(社区)一法律顾问工作的意见

为贯彻落实党的十八届三中全会和省委十一届三次全会精神,加快推进法律普及和法律服务进村(社区),运用法治思维和法治方式创新基层治理,根据省委常委会 2014 年工作要点,现就开展一村(社区)一法律顾问工作提出如下意见。

一、指导思想、基本原则和主要目标

(一)指导思想

高举中国特色社会主义伟大旗帜,以邓小平理论、“三个代表”重要思想、科学发展观为指导,深入贯彻落实党的十八大、十八届三中全会和省委十一届三次全会精神,以构建法治广东、和谐社会为目标,建立完善一村(社区)一法律顾问制度,大力推进法律服务进城社区,切实增强广大基层干部和群众的法律意识,促进村(居)委会民主决策,依法办事,引导群众通过合法途径表达利益诉求,解决矛盾纠纷,保障群众合法权益,维护基层和谐稳定,进一步推动法治广东建设。

(二)基本原则

1.党委领导,协同推进。一村(社区)一法律顾问工作在各级党委的统一领导下,由政府负责,人大监督,各相关部门积极配合。明确县(市、区)、乡镇(街道)、村(社区)责任,组织引导社会力量,依托法律专业人才开展法律服务进村(社区),为基层组织和干部群众提供法律服务。

2.促进法治,服务民生。把法治思维和法治方式融于基层治理的各个方面,满足群众对法律知识和法律服务的基本需求,维护群众合法权益。

3.因地制宜,分步实施。广大农村尤其是欠发达地区是推进一村（社区）一法律顾问工作的重点区域。各市可结合实际，采取适合的方式推进工作。全省分步组织实施，先试点总结经验，然后全面推开。

（三）主要目标

1.法律服务在全省实现全覆盖，群众不出村（社区）即可享受到法律服务，困难群众能够及时得到法律援助，群众对法律服务的满意度不断提高。

2.基层干部群众的法律意识显著增强，逐步养成知法守法、依法办事的良好习惯，能够自觉通过合法途径反映利益诉求，解决矛盾纠纷，维护合法权益。

3.基层自治管理明显改善，形成以法治思维和法治方式管理村（社区）公共事务、化解基层矛盾纠纷、维护村（居）民合法权益和社会和谐稳定的新格局。

二、人员配置和工作职责

（一）人员配置要求

1.我省范围内的执业律师、申请律师执业人员可以担任村（社区）法律顾问。由司法行政部门制定相关遴选制度，并组织培训。

2.地级以上市司法行政部门统筹本地区的法律服务人才资源，指导县（市、区）建立完善的向律师事务所购买服务的有关制度，律师事务所统筹安排所属律师担任对口村（社区）的法律顾问，确保每个村（社区）配备1名。可以向本地律师事务所购买服务，也可以向省内其他地区的律师事务所购买服务。律师事务所可以根据承担的法律服务工作数量和难易程度，自主决定与高等学校及法律志愿服务组织合作，聘请高等学校法学教师、法学专业高年级学生和具备法律专业知识的司法系统退休人员等参与法律辅助服务工作。

3.县（市、区）司法行政部门应在合适的范围内公布有关律师事务所、律师的基本信息和近年来的业绩、信誉等情况，充分听取其服务的村（居）委会及群众的意见，由村（居）委会与律师事务所、律师进行双向选择。双向无法选择时，由市、县（市、区）司法行政部门根据公平合理和节约成本原则配置确定，签订聘用合同。

4.为保证法律服务全覆盖，欠发达地区可采取1名律师担任多个村（社区）法律顾问或者1个律师事务所对应多个村（社区）的办法进行配置，但1名律师担任法律顾问的村（社区）数量原则上不超过5个。同一个律师担任法律顾问的村（社区）之间出现利益冲突时，法律顾问应当回避，由县（市、区）司法行政部门协调村（居）委会聘请其他律师事务所和律师。

（二）工作职责

1.为村（社区）治理提供法律意见。协助起草、审核、修订村规民约和其他管理规定。为村（社区）重大项目谈判、签订重要经济合同和其他重大决策提供法律意见。协县村（社区）处理换届选举中的法律问题。

2.为群众提供法律咨询和法律援助。为群众解答日常生活中遇到的法律问题，提供法律意见，为符合法律援助条件的群众提供必要的法律帮助。接受群众委托代为起草、修改有关法律文书和接受村（居）委会或群众委托参与诉讼活动应酌情减免服务费用，维护群众合法权益。

3.开展法律宣传。定期举办法制讲座，普及日常生产生活涉及的法律知识，增强基层干部群众的法律意识，帮助树立正确的权利义务观念，依法办事、依法维权。

4.参与人民调解工作。应基层人民调解组织邀请，可以参与矛盾纠纷调处工作，为调处医患、交通事故、征地拆迁、劳资、环境保护等引发的矛盾纠纷提供法律意见。

三、工作要求和评估制度

（一）工作要求

村（社区）法律顾问每个月至少到村（社区）服务累计8小时，每个季度至少举办1次法制讲座。对村（居）委会和群众提出的具体法律服务需求应及时回应，对可能影响社会和谐稳定或涉及村(居)委会、群众重大利益的事情,应及时到场或通过其他方式提出法律意见。村(社区)法律顾问开展工作应及时记入工作台账,作为评估的重要依据。提供需另行收费的法律服务,须报县级司法行政部门备案。各村(社区)要在合适位置设置公示栏和便民信箱,公布法律顾问的姓名、职责、联系方式、驻点时间等。

(二)建立评估制度

省司法行政部门应分别制定评估指标体系和评估实施方案。每年由县(市、区)司法行政部门对村(社区)法律顾问工作进行评估。通过检查工作台账、听取村(居)委会和群众意见等形式,对按工作职责要求完成任务的,提出继续聘用的建议;对出色完成任务的,可以采取以案定补等形式给予适当奖励;对没有按工作职责要求完成任务的,由县(市、区)司法行政部门及时提出改进意见,视情况提出不再继续聘用的意见。

四、分步组织实施

1.先行试点(2014 年 5—12 月)。粤东西北地区 12 个地级市各选择 2 个县(市、区)开展试点,珠江三角洲地区各地级以上市全面推进,着力打造一批样板,为全面推开积累经验。各地已开展法律服务进村(社区)工作的,继续探索完善,总结提高。省适时召开现场会,总结推广经验,完善推进办法。

2.全面推进(2015 年 1—10 月)。在全省全面推进一村(社区)一法律顾问工作,各地级以上市建立相关工作制度,形成一整套比较系统完备的工作程序、工作规范和评估标准。

3.总结提高(2015 年 11 月)。召开全省开展一村(社区)一法律顾问工作会议,总结经验,查找不足,进一步完善工作制度,推进我省基层社会治理法制化、规范化、制度化。

五、健全工作机制

1.建立培训制度。地级以上市司法行政部门每年要通过集中培训、分散培训、网络培训等不同形式组织村(社区)法律顾问开展国家政策、社情民意及相关法律业务的培训,增强村(社区)法律顾问的大局意识、责任意识、服务意识,提高工作能力和水平。

每年组织培训不少于1次,要将参加培训情况作为是否继续聘用村(社区)法律顾问的重要依据。省司法行政部门要加强对培训工作的指导和监督。

2.完善工作规范。省司法行政部门要建立村(社区)法律顾问行为规范、工作日志、工作台账、服务标准和工作评价机制,制定村(社区)法律顾问开展矛盾纠纷调解、参与处置群体性敏感性案件和村(社区)换届选举等方面的工作指引和规范,明确工作负面清单。

3.建立分片对口支援机制。珠江三角洲地区应加大对欠发达地区人才对口扶持力度,建立分片对口支援机制。要制订措施,鼓励广州、深圳、珠海、佛山、东莞、中山等地的律师事务所安排一定比例律师赴欠发达地区担任村(社区)法律顾问工作。

4.实行辖区负责制。各地级以上市要统筹协调,建立完善本辖区一村(社区)一法律顾问工作机制,指导县(市、区)完善法律服务对口支援、法律志愿服务制度。鼓励珠江三角洲地区有条件的律师事务所到欠发达地区设立分支机构,欠发达地区律师较少的县(市、区)要通过财政补助等方式加强国资律师事务所建设,培育法律志愿服务组织,引导法律服务人才有序流动。

5.建立网络平台。省司法行政部门要建设公共法律服务网络平台,将村(社区)法律顾问定期服务与在线服务结合起来,通过网络平台实时反映村(社区)法律顾问的基本信息和工作情况,实现信息化管理和服务。要加强"12348"法律服务热线平台基础设施建设,使"12348"法律服务热线成为群众法律咨询、宣传法律知识、疏导群众情绪、指导群众依法维权的综合平台。

六、强化工作保障

1.加强组织领导。省社会体制改革专项小组统筹指导开展一村(社区)一法律顾问工作,各级司法行政部门具体组织实施,各级组织、宣传、政法、社工委、民政、教育、财政、农业等相关部门积极配合。乡镇(街道)党委、政府负责协调和落实各项工作任务,村(居)委会积极配合,形成推动一村(社区)一法律顾问工作的合力。

2.加强经费保障。建立政府购买服务与适当对村(社区)法律顾问公益性服务进行经济补贴的经费保障机制,给予每个村(社区)每年不少于1万元经费支持,珠江三角洲各市由本级财政负责,其他各地级市实行经费省市共担,其中省财政负担50%,地方财政负担50%。地方各级财政分担比例由各地市根据实际情况确定。2014年,省财政对欠发达地区的试点村(社区)给予经费支持;2015—2017年,省财政对欠发达地区的所有村(社区)给予经费支持。经费由县(市、区)党委、政府统筹使用,根据司法行政部门的具体意见,直接补助至村(社区),由村(居)委会按照购买服务的方式与律师事务所签订服务协议。要规范经费使用,加强监督检查,各级财政、审计部门每年3月底前对本级上一年度专项经费使用情况进行绩效考核和财政审计,确保专款专用。

3.加强评估检查。各级人大要把开展一村(社区)一法律顾问工作纳入对各级政府依法治理和依法行政工作的监督内容。司法行政机关每年要对律师事务所和律师参与一村(社区)一法律顾问工作开展监督检查,同级组织、宣传、政法、社工委、民政、教育、财政、农业等相关部门配合,检查结果要及时向同级政府及上一级司法行政部门报告。

4.加强舆论宣传。充分利用广播电视、报纸及互联网等媒体深入宣传一村(社区)一法律顾问工作,引导全社会形成学法、用法、守法的风气,为建立一村(社区)一法律顾问制度营造良好的氛围。

2.中共茂名市委办公室　茂名市人民政府办公室 印发《关于开展“一村(居)一律师” 工作的意见》的通知

茂办发[2013]30号

各县(市、区)党委、人民政府,茂名滨海新区党工委、管委会,茂名高新区党工委、管委会,水东湾新城党工委、管委会,市委各部委,市直各单位,市各人民团体,中央和省驻茂各单位:

《关于开展“一村(居)一律师”工作的意见》已经市委、市政府领导同志同意,现印发给你们,请认真贯彻执行。

中共茂名市委办公室
茂名市人民政府办公室
2013年11月7日

关于开展“一村(居)一律师”工作的意见

近年来,电白县积极开展律师进村(居)活动,努力创新,积极实践,率先在全市开展“一村(居)一律师”工作,帮助群众解决涉法涉诉问题,有效化解农村社会矛盾,促进社会和谐稳定,取得了较好的社会效果。为总结推广电白县“一村(居)一律师”工作经验,在全市范围内开展“一村(居)一律师”工作,充分发挥律师在推进基层法治建设中特有的优势,推进和谐茂名建设,创新基层社会管理,探索构建公共法律服务体系,进一步培育基层民主法治意识,助推茂名振兴发展,特提出如下意见。

一、指导思想和工作目标

“一村(居)一律师”工作制度,是指在各级党委、政府的统一领导下,组织律师事务所(法律援助处)与村(居)签订法律顾问合同,为每个村(居)委会聘请一名律师担任法律顾问;村(居)顾问律师为村(居)委会及村(居)民提供法律咨询、法制宣传、法律援助等服务,解决基层法律问题,推动基层民主法治的一项工作制度。

1.指导思想。以邓小平理论、“三个代表”重要思想,科学发展观为指导,紧紧围绕市委、市政府建设现代化美丽滨海新茂名、加快振兴发展的根本任务和建设和谐茂名的重要决策部署,以促进基层法治水平的提高,健全基层依法民主管理机制为目标,以开展“一村(居)一律师”工作为载体,充分发挥律师职能专长,为我市基层组织提供公益性法律服务,进一步提高基层群众自治管理的法制化、科学化水平,引导群众通过合法途径表达利益诉求,预防和化解群众纠纷和社会矛盾,促进社会和谐稳定。

2.工作目标。2013 年 11 月,在全市范围内全面铺开,形成以律师为主体，其他广大法律工作者、人民调解员积极参与配合的“一村（居）一律师”工作格局。2014 年起，不断总结经验、创新提高，逐步建立“一村（居）一律师”工作长效机制，让广大人民群众能享受到更加方便、更加快捷、更加优质的法律服务；使基层群众依法解决矛盾纠纷、依法维护合法权益的意识明显增强；信访不信法的现象明显减少，信访案件明显下降；基层民主法制建设和群众自治管理的水平明显提高，进一步促进社会和谐稳定。

二、村（居）顾问律师主要任务

1.担任村（居）委会法律顾问，提供合同约定范围内的法律服务。根据村（居）委会的委托，参与起草、修改和审核村（居）规民约及管理规定；为村（居）组织重大决策和管理工作提供法律咨询和专业法律意见；协助村（居）委会做好换届选举工作；为村（居）“两委”班子提供法律服务，提高村（居）“两委”班子依法管理和服务村（居）公共事务的水平。

2.开展法制宣传，向群众普及法律常识。积极配合当地普法部门做好法制宣传工作。针对当地村（居）和企业的矛盾纠纷种类特点，通过典型案例以案说法等形式，定期或不定期举办专题法制讲座，进行法律讲解，提高广大群众、企业员工、青少年学生的法律意识，引导群众主动学法、懂法、尊法、守法。

3.帮扶弱势群体，为困难群众提供法律援助。村（居）顾问律师主动开展公益法律服务，承担法律援助义务，对生活困难的群众主动提供公益法律服务和法律援助，努力维护村（居）民的合法权益。对于符合法律援助条件的群众，村（居）顾问律师指导其按规定办理相关法律援助手续，经法律援助处指派后给予法律援助。

4.开展法律咨询，及时解答群众提出的法律问题。村（居）顾问律师定期进村（居）委会固定的办公场所服务，开展法律咨询，解答群众提出的法律问题。接受群众电话、信函或电子邮件的法律咨询并及时予以答复。

5.发挥专业技能，为特定人员提供专业培训。村（居）顾问律师要根据司法行政部门的安排为当地司法所工作人员、村(居)“两委”干部、镇村人民调解员、社区矫正志愿者举办法律知识培训班,提高特定人员的业务能力和法律水平。

6.参与重大纠纷调处,引导群众通过法律途径解决纠纷。村(居)顾问律师协助当地依法处理重大矛盾纠纷,为重大疑难纠纷的处理提供法律意见,引导当事人依法维权、依法办事,通过合法程序解决问题。

三、保障措施

1.加强组织领导。各级党委、政府要把开展“一村(居)一律师”工作作为加强和创新社会管理、创建和谐茂名、开展群众路线教育实践活动的一项重要任务来抓,精心谋划,周密部署,采取有效措施积极稳妥推进各项相关工作。各级党政“一把手”负总责、亲自抓,分管领导具体负责。市成立“一村(居)一律师”工作领导小组,负责全市“一村(居)一律师”工作的组织领导和协调推进。领导小组下设办公室,负责日常工作。各县(市、区)、茂名滨海新区、茂名高新区要参照市的做法,成立相应工作机构,组织领导、协调推进本地区的“一村(居)一律师”工作。

2.明确工作职责。领导小组办公室负责总体组织、协调工作,并督促落实。各级司法行政部门负责抓好具体工作的开展和落实(茂名滨海新区、茂名高新区根据实际,指定专门负责推进该项工作的机构,下同)。各级组织、政法、公安、检察、法院、法制、信访、维稳、综治等部门要充分发挥职能作用,把“一村(居)一律师”工作与本部门工作结合起来,丰富拓展其工作内容。各级宣传、普法、教育部门要大力加强对“一村(居)一律师”工作的宣传,推进法律进村(居)、进学校。律师协会、律师事务所、律师要按工作要求认真履行职责。

3.建立健全工作制度。各县(市、区)、各经济功能区要建立完善“一村(居)一律师”工作评价制度。司法行政部门要联合市律师协会将律师事务所、律师参与“一村(居)一律师”工作纳入律师事务所年度检查考核和律师执业年度考核内容。

建立完善培训制度。各级司法行政机关要联合市律师协会加强对律师事务所、律师开展“一村(居)一律师”工作的指导和培训,使律师掌握服务村(居)组织和群众的基本技能、工作方式和工作要求。教育和引导律师将维护群众合法权益与维护社会和谐稳定紧密结合起来,牢固树立大局意识、服务意识,既要做群众合法权益的维护者,又要做社会和谐稳定的促进者。

各县(市、区)、各经济功能区司法行政部门要结合本地实际建立健全“一村(居)一律师”工作制度、工作日志制度、矛盾纠纷化解工作制度、工作情况交流制度、人民调解“以案定补”等各项工作制度,提高村(居)顾问法律工作的规范化、科学化水平。

4.充实队伍。各镇(街道)要充分利用法律服务所、人民调解委员会等机构协助村(居)顾问律师开展工作;各村(居)利用信访维稳工作站或村级调解委员会,为村(居)顾问律师提供固定工作场所。各县(市、区)、各经济功能区应根据本地情况动员和组织当地公职法律工作者组成志愿者队伍,协助村(居)顾问律师为群众提供法律服务。

5.落实经费。积极落实《中共中央办公厅、国务院办公厅转发〈司法部关于进一步加强和改进律师工作的意见〉的通知》(中办发[2010]30号)和《中共广东省委办公厅、广东省人民政府办公厅转发〈省司法厅关于进一步加强和改进律师工作的意见〉的通知》(粤办发[2011]26号)有关“给予律师参与公益性法律服务补贴,建立经费保障制度”的规定,各级财政部门要为推进“一村(居)一律师”工作提供基本经费保障,将村(居)顾问律师培训、宣传等工作费用列入同级财政预算。

从2014年起,连续3年市财政按每村(居)每年1500元,各县(市、区)、各经济功能区按每村(居)每年不少于1500元的标准配套落实村(居)律师法律顾问补贴,使每个村(居)的律师法律顾问补贴每年不少于3000元(偏远地区的可适当提高)。2017年后的村(居)律师顾问补贴,由各县(市、区)、各经济功能区根据实际情况研究自行确定,标准不低于每年3000元。村(居)律师法律顾问补贴专款专用,社会律师担任村(居)法律顾问的,补贴直接拨付到其所在的律师事务所;公职、法援律师担任村(居)法律顾问的,补贴拨付到公职、法援律师所在单位,作为"一村(居)一律师"工作经费。

全面推行村级调解"以案定补"制度,从2014年起,各县(市、区)、各经济功能区要将人民调解"以案定补"作为政府购买法律服务的主要形式,大力推行;根据矛盾纠纷的特点、类型以及化解的难易程度,按100~500元的标准[各县(市、区)、各经济功能区可根据各自实际适当提高],由县、镇两级财政对调解成功的案件给予补贴。各镇(街道)、村(居)要充分调动村(居)顾问律师参与调处矛盾纠纷的积极性,并按案件的难易、复杂程度从"以案定补"经费中给予其相应的补贴[具体标准由各县(市、区)、各经济功能区根据当地实际确定]。社会律师参与调处矛盾纠纷所得,直接拨付到其所在的律师事务所;公职、法援律师参与调处矛盾纠纷的,补贴拨付到公职、法援律师所在单位,也作为"一村(居)一律师"的工作经费。

6.加强宣传引导。各级宣传部门、各级司法行政机关要联合市律师协会加强"一村(居)一律师"工作的宣传报道工作,充分利用电视、广播、报刊、网站、会刊等媒介,对"一村(居)一律师"工作进行广泛的宣传,增加基层干部、群众对该项工作的知晓度,及时登载"一村(居)一律师"工作进展情况、理论研究成果和典型经验,形成良好的舆论氛围。

3.中共高州市委办公室　高州市人民政府办公室印发《关于深入推进“一村(居)一律师”工作实施意见》的通知

高办[2013]75号

各镇(街道)党委、人民政府(办事处),市直有关单位:

《关于深入推进“一村(居)一律师”工作实施意见》已经市委、市政府同意,现印发给你们,请认真贯彻执行。

中共高州市委办公室
高州市人民政府办公室
2013年11月29日

关于深入推进"一村(居)一律师"工作实施意见

为进一步发挥律师在推进基层法治工作中的特有优势,帮助群众解决涉法涉诉问题,有效化解农村社会矛盾,促进社会和谐稳定,市委市政府决定在全市实行每一个行政村(社区)配备一名律师(法律工作者)的"一村(居)一律师"制度,通过组织律师为群众义务提供法律咨询、法律援助,开展法律宣传,积极服务基层群众,促进社会和谐稳定。根据《中共茂名市委办公室、茂名市人民政府办公室印发〈关于开展"一村(居)一律师"工作意见〉的通知》精神,结合我市实际,特制定如下实施意见:

一、指导思想和工作目标

"一村(居)一律师"是通过市司法行政部门牵头,组织律师事务所与镇司法所结对,再由镇司法所与各村(社区)签订顾问合同,为每个行政村派驻一名专业律师(法律工作者),为所驻村(居)委会及村(居)民提供法律咨询、法制宣传、法律援助等服务,解决基层法律问题,推动基层民主法治的一项工作制度。

1.指导思想。以邓小平理论、"三个代表"重要思想和科学发展观为指导,认真落实上级有关工作部署,紧紧围绕建设法治高州,推动高州科学发展的目标,整合全市司法行政资源,充分发挥司法行政职能和律师专业技能优势,组织全市律师和法律工作者走进基层,开展法律咨询、法制宣传和法律援助,进一步提高基层群众自治管理的法制化、科学化水平,引导群众通过合法途径表达利益诉求,预防和化解群众纠纷和社会矛盾,促进社会和谐稳定。

2.工作目标。2013 年,在全市范围内建立以律师为主体,以司法所和广大法律工作者、人民调解员为依托,法院、检察、公安各镇、村综治维稳机构积极参与配合，初步实现律师服务村（社区）工作全覆盖的新格局；2014 年，不断总结经验，不断创新提高，使基层群众依法解决矛盾纠纷、维护合法权益的意识明显增强，信访不信法的现象明显减少，信访案件大幅下降，基层民主法制建设和群众自治管理的水平明显提高，社会和谐稳定开创新局面。通过继续深化、继续完善，“一村（居）一律师”工作的长效机制得到巩固，在全社会形成学法、知法、尊法、守法、用法的良好氛围。

二、驻村（居）律师的主要任务

1.担任村（居）委会法律顾问，提供合同约定范围内的无偿服务。根据村（居）委会的委托，参与起草、修改和审核村（居）民约及管理规定，为村（社区）组织重大决策和管理工作提供法律咨询和专业法律意见；协助处理涉法事务；协助做好村（社区）两委换届选举工作，为村（社区）两委班子提供法律服务，以提高他们依法管理和服务村（社区）公共事务的水平。

2.开展法制宣传，向群众普及法律常识。积极做好法制宣传工作。通过举办法制讲座的方式，针对当地村（社区）和企业的矛盾纠纷种类特点，通过典型案例以案说法，对群众进行法律讲解，提高群众的法律意识，引导群众主动学法、懂学、尊法、守法。驻点律师每学期至少到驻点镇中小学校上一节法制课。通过开展中小学生法制宣传，提高青少年学生的法律意识。

3.积极帮助社会弱势群体，为当地群众提供法律援助。鼓励律师开展公益法律服务、承担法律援助任务，对生活困难的群众主动提供公益法律服务和法律援助，努力维护村（居）民的合法权益。对于符合法律援助条件的群众，村（社区）顾问律师应当指导其办理法律援助手续，并经法律援助处指派后依法进行法律援助。同时，要协助司法所做好驻点村居“刑释解教”人员和“社区矫正”对象的思想帮教工作。

4.发挥专业技能，为特定人员提供专业培训。驻点律师每年为当地司法所工作人员、村（社区）两委干部、人民调解员、社区矫正志愿者举办1至2期法律知识培训班,提高该类人员的业务能力和法律水平。

5.参与社会维稳工作,引导群众通过合法途径解决纠纷。驻点律师参与党政领导接访、下访、包案工作,协助党政领导依法维权、依法办事,通过合法程序解决问题。

三、保障措施

1.加强组织领导。市委、市政府把深入推进"一村(居)一律师"工作作为加强社会管理、维护社会稳定的创新举措,切实加强领导,级级成立领导小组,制定工作方案,认真组织实施。党政一把手负总责、亲自抓,分管领导具体负责,其他市领导具体指导挂钩镇、帮扶村(居)工作。市领导小组下设办公室,设在市司法局,负责"一村(居)一律师"的日常工作,市委常委、政法委书记任办公室主任,市司法局局长、分管副局长任办公室副主任。

2.明确工作职责。市司法局要具体负责"一村(居)一律师"的组织、协调工作,具体制定律师驻村(居)相关工作制度,科学、合理安排相关律师事务所与司法所"所所结对",指导律师事务所和司法所的沟通协调工作,加强对律师事务所和律师的工作指导和协调;牵头组织法律志愿者队伍,合理调配到各镇村支持协助"一村(居)一律师"工作。各镇(街道)党委要切实负起责任,把推进"一村(居)一律师"工作作为创新和加强社会管理的重要工作来抓,认真落实"八个一"的要求(一套领导班子、一支服务队伍、一个办公室、一个工作方案、一套工作制度、一个工作流程、一笔工作经费、一本工作日志),确保"一村(居)一律师"工作扎实开展。市委政法委、市法院、市检察院、市公安局要充分发挥政法部门职能优势,对"一村(居)一律师"工作涉及本部门的工作业务要大力指导、支持和帮助。宣传、教育部门要大力加强法律进村(社区)进家庭、进校园进课堂等普法工作,助推"一村(居)一律师"工作深入开展。

3.建立健全工作制度。一是制定律师驻点制度,明确律师驻点时间、工作任务、驻点纪律等内容。二是制定工作日志制度,将提供法律服务的时间、对象、内容和结果作详细记录，做到一村一卷、一事一记、一次一记。三是制定律师陪访制定，根据市领导接访群众的时间安排，陪同市领导接待群众来访。四是制定矛盾纠纷排查化解工作制度，驻点律师每月定期到驻点村（社区）与当地矛盾纠纷排查调处领导小组成员召开协调会，听取排查矛盾纠纷的情况，对矛盾纠纷的调处提供法律意见，对不能通过调解解决的矛盾纠纷，引导当事人通过法律程序解决。五是制定信访包案制度，派驻律师要根据市委、市政府重要疑难信访问题包案的要求，协助市领导做好挂钩村（居）信访案件的处理工作。六是制定回访制定，驻点律师每月定期到驻点村（居），会同村（居）矛盾纠纷排查调处领导小组成员对纠纷调解已达成者或未达成者一律进行回访。七是制定工作交流制度，市司法局和各镇定期组织驻点律师进行座谈交流，总结经验，查找问题，剖析问题，研究对策，促进“一村（居）一律师”工作更好地开展。八是制定奖励制度，实行“以奖代补”，根据律师驻村工作成效给予适当经济奖励，充分调动律师工作积极性。具体奖励办法由市司法局牵头起草，经广泛征求意见后报市委、市政府审定。

4.加强队伍建设。切实加强驻点律师队伍的管理，为他们开展工作创造良好环境，提供有效保障。要将“一村（居）一律师”工作经费纳入财政预算，保障律师驻村工作经费。要动员和组织公检法司等政法部门以及社会各界具有法律专业知识的人员组成法律服务志愿者队伍，协助驻点律师为群众提供法律服务。加强对驻村律师的考评工作，坚持以结果说话，以完成任务的实际成效检验工作，对在工作中表现突出的律师及法律志愿者给予表彰奖励，对敷衍塞责的建议律师协会加强管理，责成相关人员进行整改，对违法违纪的严肃追究责任。

5.加强宣传引导。要充分利用广播电视、报纸、网络等媒体积极宣传“一村（居）一律师”工作的重要意义、内涵和主要任务，为“一村（居）一律师”工作的开展营造良好舆论氛围。同时，要通过在校学生这个桥梁向广大家长大力宣传“一村（居）一律师”工作,引导广大群众积极支持和参与这项工作。要注重典型引导,大力宣传报道工作亮点,使驻村律师充分认识到化解社会矛盾、加强社会建设、创新社会管理上大有可为、大有作为,增强荣誉感、使命感和责任感,同时让广大群众深入了解"一村(居)一律师"工作带来的实惠。要认真总结推广经验,扩大影响力,凝聚正能量,使"一村(居)一律师"工作真正成为创新社会管理的闪亮品牌。

参考文献

[1] 法律考试中心.国家司法考试法律法规汇编[M].北京:法律出版社,2014.

[2] 杨立新.侵权法论[M].北京:人民法院出版社,2005.

[3] 奚晓明.《中华人民共和国侵权责任法》条文理解与适用[M].北京:人民法院出版社,2010.

[4] 粟西,张亚.消费者权益保护法看图一点通[M].北京:中国法制出版社,2009.

[5] 吴在存.农村法律明白人案例读本[M].北京:中国法制出版社,2012.

[6] 张瑞秋.农村出嫁女宅基地使用权纠纷如何处理. www.fazw.com

图书在版编目(CIP)数据

一村(居)一律师常用法律问题100问 / 茂名市一村(居)一律师工作领导小组，高州市一村(居)一律师工作领导小组，高州市党的群众路线教育实践活动领导小组编著. —北京：人民交通出版社股份有限公司，2014.7

ISBN 978-7-114-11532-5

Ⅰ.①一… Ⅱ.①茂… ②高… ③高… Ⅲ.①法律-中国-问题解答 Ⅳ.①D920.5

中国版本图书馆CIP数据核字(2014)第151633号

Yicun(ju) Yilüshi Changyong Falü Wenti Yibaiwen

书　　名：**一村(居)一律师常用法律问题100问**
著 作 者：茂名市一村(居)一律师工作领导小组
　　　　　高州市一村(居)一律师工作领导小组
　　　　　高州市党的群众路线教育实践活动领导小组
责任编辑：刘永芬
出版发行：人民交通出版社股份有限公司
地　　址：(100011)北京市朝阳区安定门外外馆斜街3号
网　　址：http://www.ccpress.com.cn
销售电话：(010)59757973
总 经 销：人民交通出版社股份有限公司发行部
经　　销：各地新华书店
印　　刷：北京市密东印刷有限公司
开　　本：880×1230　1/32
印　　张：3.625
字　　数：90千
版　　次：2014年7月　第1版
印　　次：2014年7月　第1次印刷
书　　号：ISBN 978-7-114-11532-5
定　　价：10.00元
(有印刷、装订质量问题的图书由本公司负责调换)